# Hanes Cymoedd y Gwendraeth a Llanelli

A History of the Gwendraeth
Valleys and Llanelli

*Cyflwynaf y gyfrol hon i Mary,*
*Hywel ac er cof am Tomos*

# Hanes Cymoedd y Gwendraeth a Llanelli

A History of the Gwendraeth
Valleys and Llanelli

## D. Huw Owen

Argraffiad cyntaf: 2014

Dymuna'r cyhoeddwyr gydnabod cymorth ariannol
The publishers wish to acknowledge the support of
Cyngor Llyfrau Cymru

Lluniau'r clawr: Heol Llandeilo, Cross Hands c.1950
a Cwar Mynydd y Garreg c.1920
Cynllun y clawr: Y Lolfa

Cover photographs: Llandeilo Road, Croass Hands c.1950
and Mynydd y Garreg Quarry c.1920
Cover design: Y Lolfa

Rhif Llyfr Rhyngwladol / ISBN: 978 1 84771 900 3

Cyhoeddwyd, rhwymwyd ac argraffwyd yng Nghymru gan
Y Lolfa Cyf., Talybont, Ceredigion SY24 5HE
gwefan www.ylolfa.com
e-bost ylolfa@ylolfa.com
ffôn 01970 832 304
ffacs 832 782

# Cynnwys / Contents

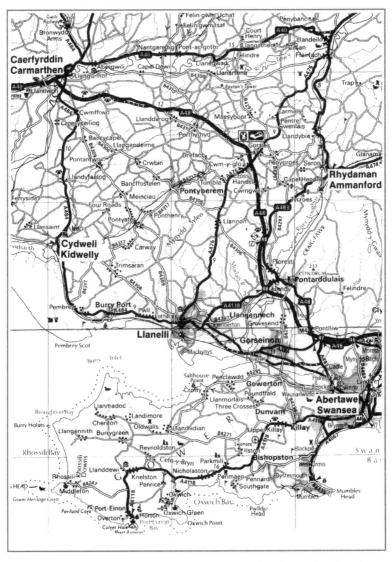

Atgynhyrchiad o dap *Strategaeth Menter Cwm Gwendraeth* a gynhyrchwyd gan Fenter Cwm Gwendraeth, Medi 1991

*Copy of map from the* Menter Cwm Gwendraeth Strategy *produced by Menter Cwm Gwendraeth, September, 1991*

# Rhagair

RHAN O GEFNDIR cyhoeddi'r gyfrol hon oedd llunio, dros hanner canrif yn ôl, draethawd israddedig ar hanes ardal y Mynydd Mawr, ger ffynhonnell afonydd Gwendraeth Fawr a Gwendraeth Fach, ar gyfer cwrs Hanes Cymru yng Ngholeg Prifysgol Cymru, Aberystwyth. Fe'm cymhellwyd i gyhoeddi'r traethawd gan fy narlithydd Gwyn A. Williams, a derbyniwyd y cynnig yn frwd gan Fred J. Morgan, yr athro hanes yn Ysgol Ramadeg y Gwendraeth, a fu'n ddylanwad mawr arnaf tra oeddwn yn ddisgybl yn yr ysgol honno. Yr oedd Fred J. Morgan newydd ei benodi yn olygydd y *Carmarthenshire Local History Magazine* (a ail enwyd wedyn yn *The Carmarthenshire Historian*) ac yn casglu deunydd ar gyfer rhifyn cyntaf y cylchgrawn. Rhai blynyddoedd yn ddiweddarach deuthum yn aelod o Grŵp Ymchwil Hanes Lleol Llyfrgell Llanelli, a fu'n gyfrifol am gyhoeddi nifer o gyfrolau ar hanes cymunedol gyda chymorth ariannol Cyngor Bwrdeistref Llanelli. Un o'r rhain oedd fy nghyfrol, *Cwm Gwendraeth a Llanelli / The Gwendraeth Valley and Llanelli*, a gyhoeddwyd pan gynhaliwyd Eisteddfod yr Urdd yng Nghefneithin yn 1989. Gwerthwyd pob copi o'r gyfrol a derbyniais dros y blynyddoedd nifer o geisiadau i'w hailgyhoeddi.

O ystyried y gweithiau amrywiol a gwerthfawr a gyhoeddwyd er 1989 ar hanes y fro hon (gweler y Llyfryddiaeth), penderfynais lunio fersiwn newydd. Tybiwyd y byddai'n addas gwneud hynny yn 2014 adeg cynnal Eisteddfod Genedlaethol Sir Gaerfyrddin yn

Llanelli, yn enwedig o gofio'r cymhelliad i gyhoeddi'r gyfrol flaenorol yn 1989, a'r cyfraniadau ar wahanol agweddau ar yr hanes yn y gyfrol *Cwm Gwendraeth*, (Cyfres y Cymoedd, gol. Hywel Teifi Edwards) a gyhoeddwyd adeg cynnal Eisteddfod Genedlaethol Llanelli 2000.

Mae'r doreth o gyhoeddiadau diweddar yn cyferbynnu â'r diffyg sylw i'r ardal yn y gorffennol. Denodd castell Cydweli sylw haeddiannol dros y blynyddoedd, ac mae'r gyfrol hon yn cyfeirio at ddisgrifiad Gerallt Gymro o'r ardal yn dilyn ei daith o amgylch Cymru yn 1188. Chwaraeodd Cwm Gwendraeth Fawr ran amlwg yn hanes maes glo de Cymru, ond nid oes sôn am brif bentrefi'r Cwm yn y llyfrau hanes safonol ac awdurdodol, megis cyfrol Kenneth O. Morgan *Wales in British Politics, 1868–1922* (1991) a chyfrol John Davies *Hanes Cymru* (1990).

Ni ddylai hynny ein synnu o ystyried y cyfeiriadau cymharol brin atynt yn y mynegeion a luniwyd ar gyfer *Trafodion Cymdeithas Hynafiaethau Sir Gaerfyrddin* yn y cyfnod 1905–77; cyfeiriodd wyth rhifyn o'r cylchgrawn at Bontyberem, pump at Bont-iets, pedwar at Bont-henri, dau at y Tymbl a dim un at Cross Hands; ac yna yn y cyfnod 1978–87, cyfeiriodd pedwar rhifyn at Bontyberem, tri at y Tymbl ac un at Cross Hands. Gwelwyd cynnydd sylweddol yn y blynyddoedd diweddar, a chyhoeddwyd yn rhifynnau 2011, 2012 a 2013 gyfres o astudiaethau gan M. R. Connop Price ar y glofeydd ym Mhen-y-groes, Cross Hands a'r Tymbl.

Adlewyrchir y diffyg sylw i'r ardal hefyd mewn nifer o gyhoeddiadau a anelwyd at ymwelwyr â'r sir. Er enghraifft mewn un cyhoeddiad cyfredol, *Y Wawr* (rhifyn haf 2014), wrth dynnu sylw at leoedd deniadol a diddorol i ymweld â nhw yn y sir adeg yr Eisteddfod Genedlaethol sydd i'w chynnal yn Llanelli, anwybyddir y ddau ddyffryn yn gyfan gwbl ar wahân i un cyfeiriad byr at gastell Cydweli.

Cyfeiria'r enw Llanelli yn nheitl y gyfrol hon at gysylltiad agos y dref â dyffrynnoedd y Gwendraeth, yn enwedig o safbwynt ei safle fel tref farchnad a phorthladd pwysig ar gyfer allforio cynnyrch glofeydd Cwm Gwendraeth Fawr. O ran enwau lleoedd yn y gyfrol, defnyddir y ffurfiau a gyflwynwyd yn *Rhestr o Enwau Lleoedd* (gol. Elwyn Davies, 1967), ac yn *Welsh Administrative and Territorial Units* (gol. Melville Richards, 1969), e.e. defnyddir Carnwyllion yn hytrach na'r Carnwallon sy'n ymddangos mewn rhai cyhoeddiadau.

Gwnaed defnydd o erthyglau yng nghylchgronau hanes y sir: *Trafodion Cymdeithas Hynafiaethau Sir Gaerfyrddin* a *The Carmarthenshire Local History Magazine / The Carmarthenshire Historian*. Hefyd, y cyfraniadau amrywiol yn y papur bro, *Papur y Cwm* a gyhoeddwyd er 1981, ac sy'n cynnwys adroddiadau am gyfarfodydd a gweithgareddau Cymdeithas Hanes Dyffrynnoedd y Gwendraeth a sefydlwyd ar 12 Ebrill 1978. Cyfeirir yn y Llyfryddiaeth at gylchgrawn y Gymdeithas, sef *Gwendraeth*.

Dymunaf gydnabod y cymorth gwerthfawr a gefais gan staff nifer o sefydliadau gan gynnwys Llyfrgell Genedlaethol Cymru, Archifdy Sir Gaerfyrddin, Llyfrgell Sir Gaerfyrddin (Llanelli, Cross Hands, Caerfyrddin a Rhydaman), Llyfrgell Ceredigion (Aberystwyth), Llyfrgell Dinas Caerdydd a Chomisiwn Brenhinol Henebion Cymru.

Hoffwn ddiolch i Wasanaethau Archifau Sir Gaerfyrddin am roddi caniatâd i gyhoeddi'r atgynhyrchiadau o'r ffotograffau sy'n ymddangos ar y clawr blaen ac yn adran luniau'r gyfrol; i Fenter Cwm

Gwendraeth Elli am ganiatáu cynnwys y map o'r ardal a ymddangosodd yn *Strategaeth Menter Cwm Gwendraeth* (Medi 1991); i Linda Williams am drefnu cynnwys y ffotograff o garej Gravells, Cydweli, ac i David Gravell am ganiatâd i'w gyhoeddi. Tynnwyd gennyf i y ffotograffau eraill yn yr adran luniau.

Derbyniais gydweithrediad parod staff Y Lolfa, ac mae'n bleser gennyf gydnabod fy ngwerthfawrogiad i Elin Angharad am ei gwaith gofalus a thrylwyr fel golygydd, i Lefi Gruffudd am ei gyfarwyddyd a'i gyngor gwerthfawr, i Garmon Gruffudd am ei anogaeth ac i Alan Thomas am ei waith dylunio.

Hoffwn ddiolch hefyd i nifer o berthnasau a chyfeillion, gan gynnwys llawer sy'n drigolion heddiw yng nghymoedd y Gwendraeth, am eu hawgrymiadau adeiladol. Cyfeiriaf yn arbennig at y cydweithio gydag Adrian Morgan ar gyfer cynhyrchu'r DVD *Yng Nghysgod y Pyramidiau Du* (2011). Roeddwn hefyd yn gwerthfawrgi'r wybodaeth a gyflwynwyd gan Ieuan Rees, cyfaill o'r cyfnod pan oeddem yn Ysgol y Gwendraeth am y cefndir i'r cofebau yn y Tymbl, Pontyberem a Llangyndeyrn a ddarlunir yn y gyfrol ac a gynlluniwyd a chynhyrchwyd ganddo.

Mae fy niolch pennaf i'm gwraig Mary a'm mab Hywel am eu cefnogaeth gyson. Buont yn gyd-deithwyr gyda mi i nifer o leoliadau a drafodir yn y gyfrol a chyfrannodd y ddau mewn gwahanol ffyrdd at gwblhau fersiwn derfynol y testun. Pleser o'r mwyaf felly yw cyflwyno'r gyfrol iddynt.

D. Huw Owen
3 Gorffennaf 2014

# Hanes Cymoedd y Gwendraeth a Llanelli

YMESTYN DYFFRYNNOEDD Y Gwendraeth Fawr a'r Gwendraeth Fach, yn sir Gaerfyrddin, o'r ucheldir yng nghyffiniau Llyn Llech Owen, ger pentrefi Gors-las a Maes-y-bont, hyd at yr arfordir i'r de o Gydweli lle y llifai'r ddwy afon i Fae Caerfyrddin. Mae'r ddau leoliad heddiw, yn eithafoedd daearyddol yr ardal a'u gwreiddiau wedi'u gwahanu gan ganrifoedd lawer, yn denu nifer fawr o ymwelwyr: twristiaid i gastell Cydweli, a adeiladwyd yn wreiddiol gan y Normaniaid yn gynnar yn y 12fed ganrif ar safle uwchben afon Gwendraeth Fach ac a atgyfnerthwyd yn y ddwy ganrif ddilynol; a chwsmeriaid siopau a busnesau i Barc Busnes Cross Hands a sefydlwyd ym mhen uchaf dyffryn y Gwendraeth Fawr yn chwarter olaf yr 20fed ganrif. Ffurfiwyd cysylltiad agos rhwng y ddau ddyffryn a'r lleoliad a ddatblygodd yn dref a phorthladd Llanelli.

Lleolir y ddau gwm yn ddaearyddol rhwng afon Tywi i'r gogledd a'r gorllewin, afon Llwchwr a'i hisafon Morlais, i'r dwyrain a Bae Caerfyrddin i'r de; rhwng trefi Llandeilo i'r gogledd, Caerfyrddin i'r gorllewin a Llanelli i'r de, a dinas Abertawe i'r dwyrain. Mae'r ardal yn cynnwys tir uchel, y rhan fwyaf dros 122m uwch lefel y môr, ac mewn mannau, megis Mynydd Sylen, yn codi uwchben 274m. Mae i'r ardal ddau fynydd-dir: y Mynydd Mawr, yn yr ardal ogleddol ger ffynhonnell y ddwy afon, Gwendraeth Fawr a Gwendraeth Fach, a

Mynydd Llangyndeyrn sy'n ffurfio rhan o'r wahanfa ddŵr rhwng y ddwy afon. Maent yn perthyn yn ddaearegol i'r gadwyn o galch a grit melinfaen sy'n ymestyn ar hyd de Cymru. Mae dyffryn y Gwendraeth Fach yn cynnwys tir amaethyddol ffrwythlon, a phwysleisiwyd ei ansawdd yn ystod yr ymgyrch lwyddiannus a ymladdwyd yn erbyn ymdrechion awdurdodau Gorllewin Morgannwg i adeiladu cronfa ddŵr yn y dyffryn, gan foddi pentref Llangyndeyrn. Yn yr un modd arweiniodd y gwythiennau glo cyfoethog islaw Cwm Gwendraeth Fawr at ffurfio ardal orllewinol maes glo de Cymru yma, ac at sefydlu cyfres o bentrefi glofaol yn ymestyn ar hyd y dyffryn o Drimsaran i Gors-las, gyda phentref Pen-y-groes i'r gogledd o ben uchaf y Cwm.

Tybiwyd mai ar un o'r cymunedau arbennig hyn y seiliwyd y pentref dychmygol Cwmderi, gyda'r gyfres deledu boblogaidd *Pobol y Cwm* yn denu nifer fawr o wylwyr. Cyn darlledu'r rhaglen gyntaf yn 1974 disgrifiwyd y pentref yn un nad oedd yn annhebyg i bentrefi glofaol Cwm Gwendraeth; awgrymodd T. James Jones, a fu'n olygydd yn adran sgriptiau BBC Cymru rhwng 1982 ac 1994, mai pentref rhwng Cross Hands a'r Tymbl oedd Cwmderi. Hefyd, mae'r diddordeb enfawr yn nigwyddiadau amrywiol y maes chwarae wedi denu cryn sylw, â'r ardal wedi ei disgrifio yn 'ffatri maswyr Cymru' yn sgil campau cyfres o chwaraewyr disglair yn y safle hon, gan gynnwys Carwyn James, Barry John, Gareth Davies a Jonathan Davies.

Darperir manylion gwerthfawr am gefndir cymdeithasol ac economaidd yr ardal gan gofiannau a hunangofiannau unigolion lleol, ac yn eu plith enwogion rhyngwladol y maes chwarae. Yn ei hunangofiant *Hanner Amser* (2008) dywed Nigel Owens, a ystyrir yn un o ddyfarnwyr gorau'r byd rygbi rhyngwladol, iddo ddyheu am fod yn ffermwr pan oedd yn blentyn, ac â ati i ddisgrifio nifer o ddigwyddiadau pleserus a brofwyd ganddo ar dyddyn teuluol a fferm gyfagos ym Mynydd Cerrig, ger Dre-fach. Yn *The King* (2000) soniodd Barry John am ei dad yn codi am 4.30 y.b. er mwyn dal bws i fynd i'w waith yng Nglofa'r Mynydd Mawr yn y Tymbl, a chyfeiriodd hefyd at ddamweiniau yn y lofa ac at effeithiau niweidiol anadlu llwch glo.

Roedd y Parch. J. Elwyn Jenkins hefyd yn chwaraewr rygbi amlwg, wedi chwarae dros Lanelli ac Abertawe, ac yn ei hunangofiant *Pwll, Pêl a Phulpud* (2008) disgrifiodd ei brofiadau pan oedd yn löwr, gan gofio'r sefyllfa dan ddaear yng nglofa'r Mynydd Mawr: 'yr aroglau amhleserus yn yr aer, y dŵr a oedd yn cronni o dan draed, a gweld y pyst wedi'u naddu'n grefftus yn dal y top i fyny.' Hefyd yr hunllefau a gafodd yn fuan wedi dechrau gweithio dan ddaear: 'y nenfwd yn f'ystafell wely yn disgyn ar fy mhen … [a'r] profiad mor ofnadwy nes y bu'n rhaid i'r teulu ddod i'm hystafell un nos a'm dihuno, gan fy mod yn sefyll ar fy ngwely yn un foddfa o chwys yn dal y nenfwd i fyny.'

Pwysleisiwyd dylanwad aruthrol y diwydiant glo gan ddau weinidog arall a hanai o'r ardal. Cyfeiriodd y Parch. Ieuan Davies, yn ei hunangofiant *Trwy Lygaid Tymblwr – a Gweinidog!* (2007), at anaf ei dad-cu John Hughes, brodor o Lanbryn-mair a glöwr yn y Mynydd Mawr, yn sgil ffrwydrad dan ddaear a barodd iddo fod 'mewn un man ond ei fraich gryn bellter oddi wrtho, mewn man arall!' Yna, ac yntau'n dioddef yn enbyd o silicosis, fe'i cludwyd yn ôl i'w fro enedigol oherwydd ei 'awydd cryf i ymweld â'i henfro ym Maldwyn cyn ei anadliad ola''. Hefyd tanlinellwyd pwysigrwydd y gweithiau glo gan y

Parch. Gareth Davies, a fu'n gweithio mewn glofa leol, Blaenhirwaun, yn ei gyfraniad hunangofiannol 'Bachgen bach o golier' a ymddangosodd yn y gyfrol *Cwm Gwendraeth*, (Cyfres y Cymoedd, 2000): 'yng nghylch y pyllau glo yr oedd modd gwybod yr amser heb na wats na chloc. Yr hwteri oedd yn nodi'r amser, amser dechrau'r diwrnod deirgwaith y dydd – tyrn bore, prynhawn a nos – ac wrth gwrs cyhoeddent hefyd amser gorffen pob tyrn. Yr un eithriad arall oedd pan fyddai damwain fawr yn y pwll.'

Nid yw ardal y ddau ddyffryn yn cyfateb i unedau llywodraeth leol y presennol na'r gorffennol. Cysylltwyd gwahanol froydd yn ysbeidiol â chymydau canoloesol Cydweli, Carnwyllion ac Is Cennen, a sir Gaerfyrddin ac arglwyddiaeth Cydweli; â siroedd modern Caerfyrddin a Dyfed; â Chyngor Bwrdeistref Llanelli a Chyngor Dosbarth Caerfyrddin; a hefyd ag etholaethau seneddol Llanelli a Chaerfyrddin. Rhannwyd teyrnas Deuheubarth yn y cyfnod cyn-Normanaidd yn gantrefi, Cantref Mawr a Chantref Bychan. Roedd Is Cennen, un o dri chwmwd Cantref Bychan, yn cynnwys tir ar hyd ochr ddeheuol afon Tywi, a phlwyfi Llanddarog, Llanarthne, Llanfihangel Aberbythych, Llandybïe a'r Betws. Daeth yr ardal yn ymestyn rhwng aberoedd afonydd Tywi a Llwchwr i ffurfio cymydau Cydweli, yn cynnwys plwyfi Llangynnwr, Llandyfaelog, Llangyndeyrn, Llanismel, Cydweli a Phen-bre; a chwmwd Carnwyllion yn cynnwys plwyfi Llanedi, Llanelli, Llangennech a Llan-non. Lleolwyd cymoedd y Gwendraeth Fawr a'r Gwendraeth Fach ynghyd â'r diriogaeth ar eu hymylon, y tu mewn i gymydau Cydweli, Carnwyllion ac Is Cennen.

Mae'n debyg fod cryn lawer o weithgarwch dynol yn yr ardal hon yn y cyfnod cynhanesyddol, ac mae ein gwybodaeth o'r gweithgareddau cynnar ac o'r trefniadau cymdeithasol wedi cynyddu o ganlyniad i ddehongliad archaeolegwyr o'r gweddillion sydd wedi goroesi. Darganfuwyd gwrthrychau yn perthyn i Oes Newydd y Cerrig ger Mynydd Cerrig a Mynydd Llangyndeyrn, gyda'r safle olaf yn debygol o fod yn ganolfan i ddefodau claddu yn dyddio o Oes Newydd y Cerrig (tua 3,000 cc) hyd at yr Oes Efydd Ddiweddar (tua 1,000 cc). Mae beddrodau megalithig Bwrdd Arthur a Gwal y Filiast yn dyddio o Oes Newydd y Cerrig, a'r maen hir 3m o uchder a'r clwstwr o garneddau o'r Oes Efydd Gynnar (tua 2,000 cc). Canolfannau pwysig eraill yn y cyfnod hwn oedd Allt Cunedda, i'r gogledd o Gydweli; Carmel a Llan-non, a'r maen hir 4.6m ar fferm Bryn Maen, ger Llan-non, yw'r maen hir uchaf yn sir Gaerfyrddin. Gerllaw, darganfuwyd diodlestr yn mesur 20.3cm o uchder a 14cm o drwch yng Nghors-y-dre, Llan-non. Mae'n debyg i'r lloc yng Ngarn Ganol, Crwbin fod yn gartrefi i deuluoedd yn yr Oes Haearn ddilynol, ac awgrymwyd bod eglwys Llangyndeyrn wedi ei hadeiladu ar safle bryngaer a godwyd yn yr Oes Haearn.

Ychydig o wybodaeth sydd ar gael o'r cyfnod Rhufeinig, ond mae'n debyg fod y ffordd rhwng y gaer Rufeinig yng Nghasllwchwr (Leucarum), a adeiladwyd mae'n debyg yn y cyfnod 74–76 oc; a chanolfan filwrol, drefol a gweinyddol Caerfyrddin (Moridunum) yn ymestyn drwy'r ardal. Awgrymwyd i'r ffordd groesi afon Llwchwr ger yr aber ac iddi wedyn fynd yn ei blaen ar draws Mynydd Pen-bre, ac yn agos i'r mannau a ddatblygodd wedyn yn aneddiadau Trimsaran, Cydweli, Llandyfaelog a Chwm-ffrwd. Mae hefyd yn bosib fod Cristnogion cynharaf yr ardal hon yn filwyr Rhufeinig.

Mae absenoldeb tystiolaeth benodol yn rhwystro

gwybodaeth fwy pendant o gwrs y ffordd Rufeinig ac o'r ymdrechion cynharaf i sefydlu'r ffydd Gristnogol. Adlewyrchir ddylanwad, ac o bosib weithgareddau unigolion blaenllaw yn gysylltiedig ag 'Oes y Seintiau' gan enwau eglwysi lleol. Cynrychiolir yr eglwysi hynny a gysegrwyd i Non, mam Dewi Sant, nawddsant Cymru gan eglwys Llan-non; ac mae cysegriad eglwys Llangyndeyrn yn coffáu'r sant a adwaenir yn Lloegr fel St Kentigern, ac yn yr Alban fel Mungo, nawddsant Glasgow. Ystyrir Cyndeyrn yn sefydlydd eglwys gadeiriol Llanelwy yng ngogledd-ddwyrain Cymru, ac yn ôl un traddodiad lleol cysylltir darganfyddiad 476 o sgerbydau gwryw islaw eglwys Llangyndeyrn yn 1876 â mynachlog a sefydlwyd ganddo o bosib, ac i'r mynachod farw o'r pla melyn yn y 6ed ganrif.

Mae'n bosib hefyd i eglwys Cydweli, a ystyrid yn fam eglwys y cwmwd o'r un enw, gael ei chysegru i Cadog Sant, sefydlydd mynachlog bwysig Llancarfan Fawr ym Mro Morgannwg. Dywedir mai disgybl iddo ef oedd Elli, y sant y cysegrwyd eglwys Llanelli iddo, er i draddodiad arall ei gysylltu â Brychan Brycheiniog, brenin yn yr Oesoedd Tywyll. Awgrymwyd hefyd fod cysylltiad rhwng ffynhonnau a ddenai bererinion yn yr Oesoedd Canol a'r seintiau Celtaidd; e.e. Ffynnon Fair (Mary's Well), a gysegrwyd yn wreiddiol i sant Celtaidd, ac a ailgysegrwyd wedi'r Goncwest Normanaidd; a Ffynnon Sul ('Sawyl's Well' neu 'Solomon's Well'), a'i henw yn cyfeirio naill ai at Sawyl Benisel, rheolwr o Gymro, neu at Selyf neu Solomon, sant cynnar yng Nghymru.

Amwys ac ansicr yw'r dystiolaeth i ategu'r traddodiadau hynny, ond nid oes amheuaeth ynglŷn â defnydd cyson y mannau hynny fel safleoedd Cristnogol cysegredig dros gyfnod helaeth, yn ymestyn am ganrifoedd. Mae Capel Erbach, a godwyd mae'n debyg yn y 13eg ganrif, a Chapel Begewdin, y ddau yn nyffryn y Gwendraeth Fach, yn enghreifftiau o gapeli ffynhonnau canoloesol a ddinistriwyd.

Cyflwynir hefyd wybodaeth am y drefn gymdeithasol yn ystod y cyfnod cyn dyfodiad y Normaniaid gan barhad enwau lleoedd, gyda chymydau Carnwyllion a Chydweli yn ffurfio unedau sylfaenol llywodraeth leol. Ymddangosodd ffurf gynnar o'r enw Cydweli, sef 'Cetgueli' yn yr *Historia Brittonum*, sy'n dyddio o'r 9fed ganrif, ac a briodolir yn draddodiadol i Nennius. Y gwaith hwn sy'n gyfrifol am darddiad y chwedl am fudiad Cunedda a'i wyth mab i Gymru o ddeheudir yr Alban, am eu cynllun i alltudio'r Gwyddelod o sawl rhan o Gymru ac amdanynt yn sefydlu nifer o linachau brenhinol gan gynnwys rhai Gwynedd a Cheredigion. Cysylltiad lleol diddorol â'r hanes hwn yw Allt Cunedda yr enw ar y bryn i'r gogledd-ddwyrain o Gydweli a ddisgrifiwyd yn 'Archesgob daearyddol aberoedd y ddwy Wendraeth'.

Yn wahanol i'r diffyg tystiolaeth sicr am ddatblygiadau yn yr ardal hon yn ystod y cyfnodau cynnar mae castell Cydweli, a saif ar fryn serth uwchlaw afon Gwendraeth Fach, gennym o hyd yn enghraifft o adeiladwaith trawiadol yr Oesoedd Canol. Gosodwyd rheolaeth y Normaniaid dros ran helaeth o dde-orllewin Cymru yn ystod degawd olaf yr 11eg ganrif. Yna, wedi methiannau milwrol, fe'i hadferwyd drwy sefydlu Caerfyrddin yn ganolfan grym brenhinol. Cyflwynwyd cyn-gymydau Cydweli a Charnwyllion yn 1106 i'r clerigwr dibynadwy, yr Esgob Roger o Salisbury, a fu yn olynol yn brif ustus, yn drysorydd ac yn ganghellor Lloegr, ac a enillodd fri am ei orchest yn adeiladu cestyll newydd Malmesbury a Sherborne. Serch hynny, mae'n debyg mai amddiffynfa gylch seml o bridd a choed oedd adeilad gwreiddiol castell Cydweli, gyda'r amddiffynfeydd yn dilyn cwrs amddiffynfeydd allanol presennol y castell. Yng nghysgod muriau'r castell, sefydlwyd bwrdeistref gyda thrigolion o gefndir Seisnig, Ffrengig a Fflemaidd yn cael eu denu i ymsefydlu yno gan delerau ffafriol, breintiedig.

Gweithred bellach i gadarnhau'r grym Normanaidd oedd ailgysegru eglwys Cadog Sant i'r Forwyn Fair, ynghyd â rhodd o dir, oddeutu 1110 gan Roger o Salisbury i Sherborne, ei hoff abaty Benedictaidd, er mwyn sefydlu cangen yng Nghydweli. Estynnwyd y breintiau a roddwyd i'r priordy gan arglwyddi Cydweli yn y 12fed ganrif. Hanai'r mwyafrif o'r mynachod o Abaty Sherborne ac roedd gan yr abaty hefyd ei fwrdeistref fechan ei hun. Datblygodd y castell, y bwrdeistrefi a'r abaty i ffurfio 'foreignry' neu Saesonaeth yr arglwyddiaeth, tra ffurfiwyd Saesonaeth cwmwd cyfagos Carnwyllion gan gastell a bwrdeistref fechan Llanelli a'r fro o'u cwmpas.

Enynnwyd atgasedd trigolion yr ardaloedd cyfagos oherwydd eu cysylltiad â'r arglwyddi estron a chyfansoddiad ethnig y deiliaid, y bwrdeisiaid a'r mynachod ac ymosodwyd arnynt yn rheolaidd gan luoedd Cymreig. Yn 1136 trechwyd a lladdwyd Gwenllian, merch Gruffudd ap Cynan, rheolwr Gwynedd a gwraig Gruffudd ap Rhys, rheolwr Deheubarth, gan Maurice de Londres, olynydd yr Esgob Roger, ar safle sy'n parhau i ddwyn yr enw Maes Gwenllian. Arhosodd Baldwin, Archesgob Caergaint, a Gerallt Gymro dros nos yn y castell yn 1188 ac yn ei ddisgrifiad o'r ardal cyfeiriodd Gerallt at 'fforest yn heigio gan anifeiliaid gwyllt, a chan geirw yn arbennig' ac at 'borfeydd eang ac yn y porfeydd braidd niferus o ddefaid'. Cipiwyd y castell o bryd i'w gilydd gan fab Gwenllian, sef Rhys ap

Gruffudd (yr Arglwydd Rhys, Dinefwr), a'i ddisgynyddion, a hefyd gan Llywelyn ap Iorwerth (Llywelyn Fawr), tywysog Gwynedd yn 1215, ac eto yn 1231. Yn 1220 gorchmynnodd ef i Rhys Gryg, un o feibion yr Arglwydd Rhys, ddychwelyd Cydweli i Hawise de Londres, aeres Maurice de Londres, ac adfeddiannodd hi Gydweli eto yn 1243 gyda'i gŵr, Patrick de Chaworth. Cychwynnodd eu mab Pain de Chaworth ar raglen sylweddol o ailadeiladu'r castell, a pharhawyd â'r gwaith ar ddiwedd y 13eg ganrif a dechrau'r 14eg ganrif gan ei frawd Patrick a mab-yngnghyfraith Patrick, sef Henry o Lancaster.

Ymladdwyd yn ddygn am reolaeth Is Cennen yn ystod y 13eg ganrif, gyda'r byddinoedd brenhinol, a leolwyd yng Nghaerfyrddin, ac arglwyddi'r Mers cyfagos yn herio meddiant disgynyddion yr Arglwydd Rhys, a gefnogwyd yn achlysurol gan dywysogion Gwynedd. Fe'i rhoddwyd i Henry o Lancaster yn 1340, ac fe'i hychwanegwyd, ynghyd â Chydweli a Charnwyllion, at diroedd Dugaeth Lancaster yn ne Cymru a'i gweinyddu o gastell Cydweli. Yn gynnar yn y 15fed ganrif, Henry Dwn, stiward castell Cydweli ac unigolyn blaenllaw o'r ardal, oedd un o arweinwyr gwrthryfel Glyndŵr, ond methiant fu ymgais Glyndŵr i gipio'r castell yn 1403 er gwaethaf gwarchae tair wythnos a'r muriau wedi eu bylchu. Enwyd Owain, mab Gruffudd ap Niclas o Ddinefwr, siryf sir Gaerfyrddin a Dirprwy Ustus a Siambrlen de Cymru, oddeutu 1437–56, yn llywodraethwr y castell yn y 15fed ganrif gan y bardd Lewys Glyn Cothi, ac yn yr un ganrif roedd dau fardd arall, Ieuan Deulwyn a Ieuan Tew Ieuanc yn byw yn y fro. Daeth y castell wedyn yn eiddo i Syr Rhys ap Thomas, Dinefwr, unigolyn grymus yn ne-orllewin Cymru wedi brwydr Bosworth 1485, pan urddwyd ef yn farchog, ac yn nes ymlaen daeth i feddiant teulu Cawdor, Gelli Aur.

Roedd siarter fwrdeistref 1444 yn cyfeirio at y niwed a wnaed i'r hen fwrdeistref gan i'r bwrdeiswyr ddioddef yn enbyd oherwydd dicter y Cymry a fu'n gyfrifol am ymosodiadau nerthol. Cadarnhawyd ei dirywiad yn y ganrif ddilynol gan John Leland *c.*1536–9 a ddisgrifiodd yr hen dref yn 'near all desolated'. Ar y llaw arall, roedd y dref newydd yn ymyl y priordy yn gynyddol lewyrchus, a ffactorau allweddol yn ei ffyniant oedd ei lleoliad ar y briffordd i dde-orllewin Cymru, a'i safle yn y cyfnod cyn y Deddfau Uno (1536–43) fel canolfan arglwyddiaethau Lancaster yn ne-orllewin Cymru. Sicrhaodd y ddeddfwriaeth hon ymgorfforiad Cydweli, Carnwyllion ac Is Cennen yn sir Gaerfyrddin. Darperir gan yr arolwg manwl o arglwyddiaethau Dugaeth Lancaster yng Nghymru, 1609–13, wybodaeth werthfawr am y boblogaeth a'r amodau yn nechrau'r 17eg ganrif. Cyflwynwyd rhestri hir o'r boblogaeth leol, gan gynnwys bwrdeisiaid Cydweli a Llanelli, rhydd-ddeiliaid y 'foreignry' a Brodoraeth Cydweli, gyda'r olaf wedi ei rhestru fesul plwyf, yn yr un modd â rhydd-ddeiliaid Brodoraeth Carnwyllion.

Câi masnach ei chanolbwyntio'n gynyddol yng Nghydweli a oedd – er iddi gadw'i statws llawn fel bwrdeistref a chanddi ddwy farchnad wythnosol a thair ffair flynyddol – mewn cyflwr digalon yn rhannol o ganlyniad i siltio'r porthladd. Cwtogwyd bron i 50% ar swm rhent ffi-ffermydd o £26. 13s. 4d i £13. 7s. 4d. Cynhelir marchnad wythnosol a ffair flynyddol yn Llanelli ond câi cyllid cyfan y dref ei ffermio am swm bychan, sef £10. 11s. 4d. Meddiannodd copiddeiliaid caeth diroedd yn Llanismel, yn Saesonaeth Cydweli ond yn y Frodoraeth roedd gan y rhydd-ddeiliaid a drigai mewn ffermydd bychan hawliau helaeth ar y tir comin ac roeddynt hefyd yn gyfrifol am drethi cymunedol amrywiol gan gynnwys gwasanaeth milwrol a phresenoldeb yn llysoedd y cwmwd.

Ailadeiladwyd eglwys priordy Cydweli yn gynnar yn y 14eg ganrif a chwblhawyd y tŵr a'r meindwr erbyn 1481. Dim ond nifer fechan o breswylwyr a fu gan y priordy erioed, gan gynnwys fel arfer y prior ac un neu ddau o fynachod, ac fe'i diddymwyd yn 1539. Serch hynny, parhaodd yr eglwys briordy yn eglwys blwyf bwrdeistref Cydweli. Disgrifiwyd eglwys y Santes Fair yn eglwys ganoloesol orau'r sir, ac yn un o eglwysi hynotaf de Cymru. Mae eglwysi canoloesol eraill y fro yn cynnwys eglwys Sant Elli, Llanelli, y mae ei thŵr yn dyddio o'r 12fed ganrif a'r gangell o'r 15fed ganrif; eglwys y Santes Non, Llan-non; eglwys Sant Maelog, Llandyfaelog ac eglwys Sant Cyndeyrn, Llangyndeyrn. Mae'r adeiladau canoloesol eraill yn cynnwys capeli anwes, megis Capel Teilo, Cydweli; Capel Dyddgen, Llangyndeyrn; a Chapel Ifan, Pontyberem; ar safle'r olaf ychwanegwyd eglwys Gothig yn 1834.

Ymgymerwyd ag atgyweiriadau amrywiol yn eglwys y Santes Fair, Cydweli yn yr 17eg ganrif a'r 18fed ganrif, a rhaglen adnewyddu helaeth yn 1885–9. Adluniwyd eglwys Llan-non gan Edward Haycock yn 1839–41; atgyweiriwyd eglwys Llandyfaelog yn y 19eg ganrif, gydag ychwanegiadau gan R. K. Penson yn 1866–9; ac adnewyddwyd eglwys Llangyndeyrn gan J. P. St Aubyn yn 1879–88. Ymatebodd yr eglwys Anglicanaidd i'r cynnydd yn y boblogaeth yn sgil datblygiad diwydiannol Cwm Gwendraeth Fawr drwy adeiladu eglwysi yn y pentrefi glofaol a oedd yn tyfu'n gyflym. Ymhlith yr eglwysi newydd oedd y rhai a gynlluniwyd gan William Griffiths, Llanelli, sef eglwys Sant Ioan y Bedyddiwr, Pontyberem a godwyd yn 1893–4; eglwys y Santes Fair, Pont-iets a godwyd yn 1911 ac eglwys Dewi Sant yn y Tymbl a adeiladwyd gan lowyr yn ystod Streic Gyffredinol 1926. Cynlluniodd y pensaer hwn hefyd ddau gapel yn y Tymbl, Bethel (1904) ar gyfer y Bedyddwyr a Bethesda (1905) ar gyfer yr Annibynwyr.

Mae'n amlwg i'r Anghydffurfwyr hefyd geisio darparu ar gyfer anghenion ysbrydol trigolion Cymoedd y Gwendraeth, ac mae gwreiddiau eu heglwysi yn dyddio o'r 17eg ganrif. Roedd Gelli-ciw ac Allt-fawr yn ganolfannau cynnar i'r Bedyddwyr ym mhlwyf Llannon, a bu trigolion lleol ymhlith aelodau cynnar eglwys Ilston ym mro Gŵyr, a sefydlwyd yn 1649 (23 o Lanelli ac 14 o Lan-non) a'r eglwys yn Felin-foel, a sefydlwyd yn 1709. Ffurfiwyd Bethel, Llangyndeyrn oddeutu 1797 gan aelodau o eglwysi Felin-foel a Phenuel, Caerfyrddin, a'r eglwys olaf oedd yn gyfrifol am sefydlu Bethlehem ym Mhorth-y-rhyd yn 1817.

Teithiai Stephen Hughes ('Apostol sir Gaerfyrddin') yn gyson drwy'r ardal hon o'i gartref yn Abertawe i ganolbwynt ei weithgareddau fel gweinidog yng ngorllewin y sir. Un o'r gweinidogion a ordeiniwyd ganddo oedd David Penry, Plas Llanedi, a fu'n gyfrifol am Annibynwyr ardaloedd dwyreiniol y sir am 40 mlynedd tan ei farwolaeth yn 1729. Dywedid bod plwyf Llan-non, yn 1705, yn 'Thick with Dissenters'. Yn 1712 adeiladwyd Capel Seion, ger Dre-fach ar ddarn o dir a roddwyd gan Philip Lloyd, Heol-ddu, Foelgastell, ac ymhen dwy flynedd gollyngwyd naw aelod o'r eglwys ym Mhant-teg i ffurfio eglwys yno dan arolygiaeth William Evans, prifathro'r Coleg Presbyteraidd, yng Nghaerfyrddin. Gweinidog Capel Seion rhwng 1720 ac 1752 oedd y Parch. Samuel Jones, Pen-twyn, ger Llwyn-

teg ym mhlwyf Llan-non (nid y capel o'r un enw a enwir
isod). Cynhaliodd academi ym Mhen-twyn ac un o'r
myfyrwyr oedd Richard Price (1723–91), yr athronydd
enwog a fu, trwy ei ysgrifau, yn ddylanwad mawr ar
lunio cyfansoddiad Unol Daleithiau America. Yn dilyn
dadl ddiwinyddol yng Nghapel Seion gadawodd nifer o'r
aelodau a sefydlu Bethania yn y Tymbl Uchaf yn 1800.
Un o arweinwyr cynnar Bethania oedd Evan Evans, Cil-
carw ger Pontyberem, a fu wedyn, yn 1816, yn gyfrifol
am adeiladu capel Caersalem, Pontyberem. Mae eglwysi
Annibynnol eraill yr ardal sy'n deillio'n uniongyrchol
neu'n anuniongyrchol o Gapel Seion yn cynnwys
Nasareth, Pont-iets (1803); Pen-y-groes (1823); Ebeneser,
Crwbin (1829); Llwyn-teg (1845); Tabernacl, Cefneithin
(1876); a Bethesda, y Tymbl (1905).

Yn 1878 adeiladwyd y Capel Seion presennol yn
agos i leoliad y capel gwreiddiol. Nodwedd arbennig o'r
capel, megis y capeli eraill a gynlluniwyd gan y Parch.
Thomas Thomas, Glandŵr, un o'r penseiri-pregethwyr
mwyaf toreithiog yng Nghymru, oedd y 'bwa mawr' ar y
pediment, yn seiliedig, yn ôl y sôn, ar hwnnw yn eglwys
San Andrea, Padua yn yr Eidal. Cynlluniodd ef hefyd
Gapel Als, Llanelli, a ail-luniwyd wedyn yn 1894 gan
O. Morris Roberts, Porthmadog, ac roedd y capel hwn
yn rhan bwysig o ddatblygiad tref Llanelli, yn enwedig
yn ystod gweinidogaeth y Parch. David Rees (1829–69).
Gweinidog cyntaf Capel Als, a'r un a fu'n bennaf cyfrifol
am sefydlu'r eglwys, oedd y Parch. Evan Davies, Llanedi.
Cofnodir ar y plac a osodwyd ar fur adeilad presennol
Capel Sul, Cydweli iddo gyfrannu'n sylweddol at sefydlu'r
eglwys Annibynnol hon.

Cafodd y Capel Sul gwreiddiol ei adeiladu yn 1785, ei
ymestyn yn 1831 a'i adnewyddu yn 1873 ac 1905, ond fe'i

hystyriwyd yn rhy fach yn yr 1920au. Yn 1924 prynodd yr eglwys Rumsey House, adeilad trillawr a godwyd yn 1862. Dyma gartref blaenorol Harold Greenwood, y cyfreithiwr a gafodd ei gyhuddo o lofruddio'i wraig Mabel, a fu farw ym Mehefin 1919, ac yna'i ryddhau wedi'r achos cyfreithiol. J. Howard Davies oedd y pensaer yn gyfrifol am ei addasu, gan ddefnyddio'r llawr gwaelod yn ysgoldy a'r lloriau uchaf yn gapel, ac mae'r capeli eraill a gynlluniwyd ganddo yn cynnwys Horeb, capel y Presbyteriaid ym Mynydd y Garreg (1936). Ei dad, George Morgan, oedd un o benseiri amlycaf capeli Cymru, yn gyfrifol am dri o gapeli ceinaf y Bedyddwyr, sef capel y Bedyddwyr Saesneg, Caerfyrddin lle'r oedd yn ddiacon; Zion, y Drenewydd a Mount Pleasant, Abertawe. Yng nghymoedd y Gwendraeth cynlluniodd gapel y Bedyddwyr ym Meinciau (1885-6) ac mae'n bosib hefyd iddo gynllunio Tabernacl y Presbyteriaid a Noddfa'r Bedyddwyr yn Nhrimsaran. Cynlluniwyd hefyd Siloam, capel y Bedyddwyr yng Nghydweli (1892-3), gan gwmni George Morgan. Fel y nodir uchod, cynlluniwyd capeli y Bedyddwyr (Bethel, 1904) a chapel yr Annibynwyr (Bethesda, 1905) yn y Tymbl gan William Griffiths, Llanelli.

Ymwelodd Howel Harris, un o arweinwyr mwyaf blaenllaw y Methodistiaid Calfinaidd a sefydlydd cymuned Trefeca, â'r ardal sawl gwaith, a chafodd ei erlid yn Llangyndeyrn a Chydweli. Ar 30 Ionawr 1739, clywodd yn Llangyndeyrn am rai a gafodd dröedigaeth wrth wrando ar Daniel Rowland yn pregethu: denwyd cynulleidfaoedd enfawr i wrando ar y clerigwr huawdl hwnnw yn ei gapel yn Llangeitho. Defnyddiai'r Methodistiaid Calfinaidd cynnar gapeli anwes Anglicanaidd oedd yn segur. Cynhelid oedfaon pregethu, a gweinyddid y cymun yn Llanlluan, ger tarddiad y ddwy afon Gwendraeth, lle yr arweinid oedfaon yn gyson gan yr awdur a'r emynydd William Williams, Pantycelyn a Daniel Rowland. Dywedir mai yma y priododd Peter Williams, yr awdur a'r esboniwr Beiblaidd; fe'i claddwyd ger ei gartref yn Llandyfaelog.

Roedd Howel Harris yn bresennol yng Nghapel Ifan, ger Pontyberem ym mis Awst 1743 pan fu Howel Davies ('Apostol sir Benfro') a Daniel Rowland yn gyfrifol am yr oedfa, ac yna, ym mis Rhagfyr i wrando ar William Williams yn pregethu. Er gwaethaf gwrthwynebiad chwyrn y teuluoedd bonheddig Mansel, Mwdlwscwm a Gwynn, Gwempa i Fethodistiaid Calfinaidd ac Annibynwyr Calfinaidd Cydweli, cyflwynodd William Brigstocke, Llechdwnni, tua 1770, hen ysgubor i'r rhai a erlidiwyd, ac am gyfnod bu'r ddau grŵp yn cydaddoli yn y tŷ cwrdd a sefydlwyd yno. Yn 1830 adeiladwyd capel y Morfa ar gyfer Methodistiaid Calfinaidd Cydweli, ac yn yr un flwyddyn adfeddiannwyd Capel Ifan gan yr Eglwys Anglicanaidd. Yn 1834 adeiladwyd capel Soar ar ddarn o dir yn perthyn i Gil-carw Uchaf lle y bu Howel Harris yn pregethu yn 1742. Adeiladwyd yn 1837 Salem, Llangyndeyrn, adeilad bychan a ddiogelwyd yn eithriadol o dda dros y blynyddoedd, a dyma'r unig gapel yn nyffrynnoedd y Gwendraeth i'w ddyfarnu gan Cadw yn adeilad rhestredig Gradd II*.

Yr oedd blynyddoedd cynnar yr 20fed ganrif yn gyfnod o weithgarwch crefyddol cynyddol. Cofnodwyd yr aelodaeth fwyaf yn hanes y pedwar prif enwad Anghydffurfiol, ac adeiladwyd capeli newydd. Sylweddolodd y Methodistiaid Calfinaidd yr angen am gapel mewn lleoliad mwy canolog ym Mhontyberem ac adeiladwyd capel presennol Soar yn 1904, gan ychwanegu festri yn 1907. Agorwyd capel Ebenezer yn y Tymbl yn 1902, capel newydd Pen-twyn uwchlaw pentref Cross Hands yn 1903, a chapel Bethel, Cross Hands (Capel y Drindod heddiw) yn 1907. Bu'r rhan fwyaf o arweinwyr Bethel cyn hynny yn aelodau ym Mhen-twyn ac roeddynt yn ymwybodol o'r posibiliadau cenhadol mewn pentref a oedd yn tyfu'n gyflym. Cafodd Diwygiad 1904–5 ddylanwad mawr, yn enwedig ar ddyffryn y Gwendraeth Fawr a Llanelli, a leolir ychydig o filltiroedd i'r gorllewin o gartref Evan Roberts yng Nghasllwchwr. Yn 1905 gorymdeithiodd grwpiau efengylaidd o Ben-y-groes drwy Cross Hands ar eu ffordd i'r Tymbl, a chynhaliwyd cyfarfodydd gweddi ar sgwâr Cross Hands ac yn y lofa.

Elfen bwysig yn hanes yr Eglwys Apostolaidd fyd-eang, a ffurfiwyd ym Mhen-y-groes yn y blynyddoedd wedi'r Diwygiad, oedd tröedigaeth Daniel Williams, glöwr ac aelod yng nghapel Annibynnol Pen-y-groes, wrth wrando ar Evan Roberts yn pregethu ar Ddydd Nadolig 1904. Cyflwynir y geiriau 'Er coffa am Ddiwygiad 1904–5' ar lechen ar fur allanol y Deml Apostolaidd yn y pentref. Cynhaliwyd yn ddi-dor ym Mhen-y-groes gyfres o gynadleddau blynyddol, yn denu aelodau o nifer o wledydd tramor, o 1917 tan 2002, cyn symud i Abertawe yn 2003 ac i Cheltenham yn 2012. Rhan o'r Mudiad Apostolaidd oedd Carmel, y neuadd genhadol a adeiladwyd yn y Tymbl yn 1918 ac a ailadeiladwyd yn 1968, ac elfen nodedig o'r ardal hon yw'r nifer fawr o addoldai bychan a godwyd ar ddechrau'r 20fed ganrif gan grwpiau crefyddol amrywiol. Adeiladwyd Elim yn y Tymbl Uchaf yn 1925 gan ddilynwyr y mudiad Pentecostaidd, a'i enwi yn Eglwys Gynulleidfaol Bentecostaidd; a ffurfiwyd Bryn Seion, ar Heol Bryn Gwili, Cross Hands, neuadd Efengylaidd annibynnol, wedi i bum aelod a daniwyd gan y Diwygiad gael eu diarddel yn 1905 o eglwys Annibynnol Bethania. Bu rhai o aelodau Bethania, y Tymbl Uchaf yn gyfrifol hefyd am sefydlu neuadd efengylaidd yn Cross Hands, sef y 'Gospel Hall' a gysylltwyd wedyn â'r Brodyr Agored, gydag un o'r arweinwyr, Edward Wilkins yn gwasanaethu fel cenhadwr ymhlith y Zulu yn Ne Affrica am bedair blynedd. Nodir isod gefnogaeth arweinydd arall, Owen Hughes i un o arweinwyr streic 1925. Cymhellion gwahanol iawn fu'n gyfrifol am agor Llain-y-delyn, y Tymbl yn 1929. Daeth yn dŷ cwrdd Cymdeithas y Cyfeillion yn dilyn diarddel o Ebeneser gefnogwyr y gweinidog, y Parch. Tom Nefyn Williams, ar ôl i'w safbwyntiau diwinyddol gael eu gwrthod gan Eglwys Bresbyteraidd Cymru.

Mae'r eglwysi, y capeli a'r neuaddau a godwyd ar gyfer addoli yn adlewyrchu nid yn unig y dylanwadau ysbrydol amrywiol a brofwyd dros y canrifoedd, ond hefyd y datblygiadau cymdeithasol ac economaidd cyfoes a gynigiodd bosibiliadau gwaith i'r boblogaeth leol bresennol ac a ddenodd eraill i'r ardal. Datblygiad canoloesol pwysig oedd cynhyrchu brethyn mewn dwy ganolfan drefol fechan yn arglwyddiaeth Cydweli, gyda nifer sylweddol o bandai (*fulling mills*) wedi'u sefydlu ar afon Gwendraeth Fach ger castell Cydweli, a'r un cynharaf wedi'i sefydlu erbyn 1282; sefydlwyd pandai hefyd yn Llanelli ar afonydd Lliedi a Dulais ac un ar afon Morlais yn ucheldiroedd magu defaid Carnwyllion. Caent eu cynnal a'u gweithredu gan weinyddwyr Dugaeth Lancaster ac entrepreneuriaid lleol, gan gynnwys John Arnold, bwrdais Cydweli, a brydlesodd yn 1422 bandy ar afon Gwendraeth Fach, a Hywel ap Ieuan ap Gethin, a fu'n gyfrifol am godi pandy yn 1423 ar afon Morlais ar y safle a adwaenir heddiw yn Goed-cyw.

Mynegwyd mewn cerdd gan J. Jones, a gyhoeddwyd yn yr 20fed ganrif, draddodiad lleol am haearn feistr o Sweden yn sefydlu ffwrnais rhwng pentrefi Pont-henri a Phont-iets yn yr 16eg ganrif:

Haiarnwr o Sweden a ddaeth ar anturiaeth
Mewn ysbryd brwdfrydig a byw am waith ha'rn;
Ond arno'n amheus y llygadai'r gymdogaeth
Nes iddi gael sylfaen i newid ei barn.

Daeth llwyddiant masnachol fel awel y boreu,
A bywyd a nwyf i bob cymal o'r gwaith...

Yna, rhyw 20 mlynedd wedi marwolaeth y diwydiannwr o Sweden, ail agorwyd y gwaith:

Daeth gŵr mawr o Gernyw i'r lle ar ymweliad
A bywyd i'r gwaith fu yn farw cyhyd...

Mae'n bur debyg fod y geiriau 'gŵr mawr o Gernyw' yn cyfeirio at Hugh Grundy, a fu'n gyfrifol am gynhyrchu haearn yn y ffwrnais yn gynnar yn yr 17eg ganrif. Yn 1696 cafwyd les ar ffwrnais Pont-henri gan Thomas Chetle, gŵr o swydd Gaerwrangon. Bu ei fab Peter hefyd yn gysylltiedig â rheoli ffwrnais Pont-henri, ac yn 1724 sicrhaodd feddiant o Efail Gof Cydweli, a adeiladwyd ynghanol yr 17eg ganrif ar ddarn o dir yn eiddo i Owen Brigstocke, Llechdwnni ac yn perthyn i fferm Maes Gwenllian ar ochr ddwyreiniol afon Gwendraeth Fach tua milltir a hanner o Gydweli. Sefydlwyd Gwaith Haearn y Gwendraeth ger afon Gwendraeth Fawr ym Mhontyberem, ac fe'i cysylltir â datblygiad y lofa gerllaw gan Alfred Watneys a lwyddodd i foderneiddio'r broses o fwyndoddi'r haearn. Caewyd y gwaith tua 1850.

Datblygiad cynnar pwysig arall, tua milltir i'r gogledd

o dref Cydweli ac ar lan ddwyreiniol afon Gwendraeth Fach, oedd sefydlu melin rolio a chyfleusterau eraill ar gyfer gwaith tun gan Charles Gwynn yn Bank Broadford yn 1737. Tybir mai dyma'r ail waith cynharaf o'i fath ym Mhrydain, ar ôl Pont-y-pŵl. Defnyddiwyd porthladd Cydweli i fewnforio tun o Gernyw, ac i allforio'r cynnyrch gorffenedig. Yn ddiweddarach bu nifer o ddiwydianwyr amlwg, gan gynnwys Robert Morgan, Caerfyrddin (ond yn enedigol o Gydweli) yn gysylltiedig â'r fenter hon. Yn ystod ail hanner y 19eg ganrif roedd James Chivers a'i fab Thomas yn gyfrifol am ddatblygiad diwydiannol ar raddfa helaeth a llwyddwyd i sicrhau cyfrwng i allforio drwy gysylltiad rheilffordd â phorthladdoedd Llanelli a Phorth Tywyn, ac yna drwy Lerpwl i Unol Daleithiau America. Bu'r ardal hon, yn cynnwys trefi Llanelli a Chydweli, yn gyfrifol am gynhyrchu tua hanner tun y byd. Agorwyd tri gwaith newydd yn ardal Llanelli rhwng 1874 ac 1890, ac estynnwyd nifer o weithiau a oedd eisoes yn bodoli.

Erbyn 1881, y gwaith tun oedd prif gyflogwr Cydweli ac adeiladwyd gan Thomas Chivers 'Gwendraeth Town', yn cynnwys 40 o dai deulawr, â gerddi, yn agos i'r gwaith. I Unol Daleithiau America yr arforid y rhan fwyaf o'r tun, ac er i'r diwydiant wynebu anawsterau o ganlyniad i Dariff Mackinley (1891) gyda dirwasgiad rhwng 1894 ac 1898, gwelwyd cynnydd aruthrol yn gynnar yn yr 20fed ganrif, ac agorwyd 27 o felinau newydd yn Llanelli rhwng 1907 ac 1912. Wynebwyd problemau enfawr yn yr 1920au ac erbyn Ionawr 1931 roedd 7,000 o weithwyr tun Llanelli yn ddi-waith, naill ai'n rhannol neu'n gyfan gwbl. Caewyd nifer o weithiau yn ystod ac ar ôl yr Ail Ryfel Byd, ac un ohonynt oedd Gwaith Tun Cydweli a gaewyd yn derfynol yn 1946. Gellir gweld rhai o olion y gwaith gwreiddiol ar y safle, sydd bellach yn gartref i Amgueddfa Ddiwydiannol Cydweli. Gweithredir yr amgueddfa gan Ymddiriedolaeth Amgueddfa Cydweli mewn partneriaeth â Gwasanaethau Amgueddfeydd Sir Gaerfyrddin, ac mae'n dangos y dulliau melin-law traddodiadol o gynhyrchu tunplat.

Dros y blynyddoedd sefydlwyd cyfres o chwareli i fanteisio ar y cribyn uchel o grut melinfaen a chalchfaen carbonifferaidd sy'n gwahanu'r ddau ddyffryn, yn ymestyn o Faes-y-bont i Foelgastell, ac ymlaen i Fynydd Cerrig, Crwbin a Mynydd y Garreg. Roedd cysylltiad agos rhwng y chwareli a'r diwydiant glo ym mlynyddoedd cynnar y diwydiant hwnnw, ac wrth ystyried y gwahanol ddiwydiannau sydd wedi darparu gwaith ar gyfer trigolion Cwm Gwendraeth Fawr nid oes unrhyw amheuaeth mai cloddio am lo a gafodd y dylanwad mwyaf ar y gymuned leol. Teithiodd John Leland, yr hynafiaethydd brenhinol a ystyrir yn 'dad hanes Lloegr', drwy'r ardal yn ystod y cyfnod 1536–9 a chyflwynwyd ganddo y disgrifiad cofnodedig cynharaf o godi glo yn y cwm. Nododd y gwahaniaeth rhwng glo carreg Cwm Gwendraeth, 'stone coles' a glo meddal Llanelli, 'ring colis'. Erbyn diwedd y ganrif Porth Tywyn oedd prif borthladd sir Gaerfyrddin ar gyfer allforio glo. Cyfeiriodd les dyddiedig 6 Mehefin 1601 at gyflwyno glofeydd a phob haenen o lo yn Nynant, ger y Tymbl, i'r bonheddwr Rowland Lloyd, Gelligatrog, Meinciau. Yn ei arolwg o arglwyddiaethau Dugaeth Lancaster yn 1609–13, adroddodd y tirfesurydd Gerard Bromley fod glo yn cael ei gloddio ar y tir comin a elwid yn 'Mynith Mawre', gyda'r trigolion yn mwynhau hawliau eang ers cyn cof.

Amlinellwyd hanes cynnar maes glo Llanelli gan Malcolm Symons yn ei astudiaeth feistrolgar ar hanes y diwydiant glo yn ardal Llanelli, o'r 16eg ganrif hyd 1829 (ac a barhawyd ganddo yn ei gyfrol ar yr un pwnc yn ymdrin â'r blynyddoedd 1830–71). Yn yr un cyfnod arweiniodd ymdrechion ysbeidiol yn nyffryn y Gwendraeth Fawr at weithgarwch dwysach ar ddiwedd y 18fed ganrif a dechrau'r 19eg ganrif. Adeiladodd Thomas Kymer un o gamlesi cynharaf Cymru yn y cyfnod 1766–8 i gario glo o'i lofeydd ger Carwe i'r arfordir ger Cydweli. Ffurfiwyd y 'Kidwelly and Llanelly Canal and Tramroad Company' gan Ddeddf 1812 a ddarparodd hefyd ar gyfer ymestyn y gamlas i'r dwyrain tuag at Lanelli ac i'r gogledd ar hyd y dyffryn, heibio i Gwm-mawr. Adroddwyd bod y glofeydd a gysylltwyd â'r gamlas hon yn cynnwys Capel Craig, Trimsaran, Carwe, Blaenhirwaun a Llechyfedach. Yr oedd y gyfundrefn hon, a ddibynnai ar geffylau ac a ddefnyddiai gamlesi a thramffyrdd, wedi cyrraedd ei huchafbwynt erbyn 1838, gyda'r rhan fwyaf o'r glo carreg a gynhyrchiwyd yn cael ei hallforio o Borth Tywyn. Cyn bo hir bu'n rhaid i'r gamlas wynebu cystadleuaeth gan y 'Carmarthenshire Railway', a thrwy gyfrwng dwy Ddeddf Seneddol, yn 1865 ac 1866, daeth y cwmni camlesi i ben, a ffurfiwyd y 'Burry Port and Gwendraeth Valley Railway'. Adeiladwyd rheilffordd o Borth Tywyn i Bontyberem erbyn 1869, ac i Gwm-mawr erbyn 1886, gyda changen i borthladd Cydweli yn 1873.

Un o'r unigolion yn gysylltiedig â'r fenter i ymestyn y gamlas yn 1812 oedd Alexander Raby, gŵr o Loegr a chanddo fuddiannau busnes yno ac yn ne Cymru, ac unigolyn blaenllaw yn natblygiad diwydiannol ardal Llanelli ar ddiwedd y 18fed ganrif a dechrau'r 19eg ganrif. O ganlyniad i Ddeddf 1802 ffurfiwyd y 'Carmarthenshire Railway and Tramroad Company', a ddisgrifiwyd fel y cwmni rheilffordd cyhoeddus cyntaf yn y byd a oedd hefyd yn berchen ar borthladd. Ystyrir y rhan gyntaf o'r rheilffordd, a agorwyd ym mis Mai 1803, yn rheilffordd gyhoeddus gyntaf Prydain ac erbyn 1805 roedd dros 14 milltir o'r rheilffordd wedi'u cwblhau, yn cysylltu Llanelli â Gors-las, gydag un siwrnai ddwyffordd bob dydd o wageni llawn, a phob un yn pwyso tair tunnell ac yn cael eu tynnu gan ddau geffyl. Rhwystrodd problemau ariannol adeiladu'r darn olaf i Gastell-y-garreg, pellter o lai na dwy filltir, a fyddai wedi hwyluso cludo'r cyflenwadau digonol o galch o'r ardal hon i ffwrneisi Raby yn Llanelli. Daeth y rheilffordd i ben erbyn 1844, ac ailadeiladwyd rhan ohoni yn 1881 a'i galw 'The Llanelly and Mynydd Mawr Railway'.

Yn ogystal â darparu system gludiant addas, yn cysylltu'r ardal â'r arfordir er mwyn allforio'i nwyddau, symbylodd mentrusrwydd diwydianwyr uchelgeisiol ddatblygiad diwydiannol Cwm Gwendraeth Fawr. Yn ardal Pontyberem cysylltir y twf yn y diwydiant glo â theulu Watney. Sicrhaodd Daniel Watney feddiant o lofa Coalbrook yn 1838. Ganed ei fab, Alfred, yn Wandsworth, Llundain a phriodwyd ef ym Mhontyberem yn 1848 â gwraig weddw, Helen Elizabeth Lewis, merch Alexander Raby. Trigai yn Coalbrook House, ac fe'i disgrifiwyd yng Nghyfrifiad 1851 fel 'Iron and coal Master', a gyflogai 200 o weithwyr. Y flwyddyn ganlynol bu damwain erchyll yn y lofa a lladdwyd 26 o'r glowyr, gyda deg ohonynt yn iau nag 20 oed, a'r ieuengaf, David Harries, ond yn 13 oed. Roedd cymuned Pontyberem yn edmygu teulu Watney, a mynegwyd hynny gan y bardd lleol Gwilym Mai. Cyfeiriodd at rinweddau'r teulu:

> O destun hyfrydol i ddenu'r myfyrdod,
> Pa destun hyfrytaf i feirddion ein gwlad
> Sef talu y deyrnged o serch i deilyngdod,

A chadw'r haelionus mewn bythol goffâd;
A phwy sydd deilyngach o blethiad yr anthem,
Mwy haeddawl o foliant, dyrchafiad, a chlod,
Na Watney wladgarol o Waith Pontyberem,
Ni fu ei gymhwysach yn destun erio'd.

ac at yr ymdrechion a wnaed o ganlyniad i'r
ddamwain:

Ond pwy yn fwy parod i estyn cynhorthwy,
A'i galon mor wresog i wrando eu hiaith?
'Doedd neb yn yr ardal i'w gael mor deimladwy,
Â Watney drugarog, perchennog y gwaith.
Anfonodd o'i lety bob math o gysuron
Agorodd ei galon i weini llesâd;
A chasglodd ugeiniau o bunnau'n anrhegion,
Bu'n gyfaill i'r gweddwon – i'r plant bu yn dad...

Mawr lwyddiant i'w deulu a phawb o'i garennydd,
Gan erfyn bob amser am gynnydd y gwaith.

Talwyd teyrnged hefyd i'r modd yr ymatebodd teulu
Watney i'r ddamwain hon gan Stephen Evans, Cil-carw
yn ei gyfrol *Hanes Pontyberem* (1856): 'Gellir dweud
i'r meistri hyn ymddwyn yn neillduol o dda, tirion
a theimladwy tuag at weddwon ac amddifaid y rhai a
gawsant eu diwedd; buont yn offerynnol i gasglu gan
ddyngarwyr y cymydogaethau symiau mawrion o arian
ac maent yn barod bob amser i roddi llaw o gymorth i'r
perthnasau galarus.'

Digwyddodd nifer o ddamweiniau difrifol hefyd yng
Nglofa Trimsaran a agorwyd yn 1858. Lladdwyd dros y
blynyddoedd gyfanswm o 43 glöwr yn y lofa hon, ond
y lofa â'r record waethaf o ran diogelwch oedd Glofa'r
Mynydd Mawr, y Tymbl, lle y lladdwyd 61 o weithwyr.
Glofeydd eraill â nifer sylweddol o drychinebau lle

bu marwolaethau oedd Glofa Cynheidre (36), Glofa Trimsaran (38), Glofa Newydd Cross Hands (26) a Glofa Ddrifft Pont-henri (23). Disgrifiwyd yr olaf yn lofa fwyaf peryglus y Deyrnas Unedig am ffrwydriadau digymell o lwch glo a nwy methan dan bwysau uchel. Lladdwyd deg dyn yno rhwng 1920 ac 1928 mewn pedwar tanchwa gwahanol, a bu yno 26 tanchwa i gyd mewn deng mlynedd. Ystyrir y ffenomen tanchwa yn elfen unigryw o'r diwydiant glo yng Nghwm Gwendraeth Fawr, a chofnodwyd bron i 230 o ddigwyddiadau gyda 27 o weithwyr yn cael eu lladd mewn naw glofa lleol.

Agorwyd Glofa'r Mynydd Mawr yn y Tymbl yn 1887 a chysylltir teulu Waddell â'r datblygiad hwn. Enwyd yr hynaf, John Waddell, a aned ym mhlwyf New Monklands, swydd Lanark, a'i dri mab John, Robert Donald a George, ar y les dyddiedig 29 Medi 1886. Sicrhaodd y les honno drosglwyddiad hawliau ar y glofeydd a'r mwynau o dan 292 erw o dir a fu'n eiddo i fferm Dan-y-graig. Roedd y tad, John Waddell yr hynaf, yn ymgymerwr rheilffyrdd profiadol a fu'n gyfrifol am ailgodi pont Putney, Llundain yn 1882, ac am adeiladu yn 1886 Dwnnel Rheilffordd Merswy yn cysylltu Lerpwl a Phenbedw. Bu ef farw yng Nghaeredin yn 1888, gan adael y cyfrifoldeb am y fenter newydd yn y Tymbl i'w dri mab. Erbyn 1892 cyflogid 600 o weithwyr yn y lofa a chynhyrchid 400 tunnell o lo y dydd. Cyn hynny pentref bach gwledig oedd y Tymbl yn cynnwys ychydig o dai, a thafarn y Tumble Inn. Ymatebodd y cwmni i'r galw gan y glowyr am gartrefi cyfleus drwy adeiladu dros gant o dai yn High Street (yr enw gwreiddiol oedd Tumble Row) a thrwy godi preswylfa ger y lofa i letya glowyr o'r Alban a gogledd Lloegr. Fe'i disgrifiwyd yn 1893, gan ohebydd yn ymweld â'r ardal adeg yr anghydfod glofaol

enbyd, yn 'model lodging house'. Nodwyd ei fod yn
adeilad eithriadol o braf yn sefyll ar fryn, ac na châi ei
hystafelloedd mawrion eu gorlenwi.

Ar ôl agor y lofa trawsnewidiwyd y pentref a oedd
yn cynnwys poblogaeth o tua 500 ac a ddisgrifiwyd
yn 1890 yn un a oedd yn tyfu'n gyflym. Ymdrechwyd
yn aflwyddiannus i newid enw'r pentref o Tumble i
Waddelston. Trafodwyd y cynnig mewn cyfarfod o
Gyngor Dosbarth Gwledig Llanelli ym mis Medi 1907.
Er gwaethaf sylwadau'r Parch. David Jones y dylid
defnyddio enw mwy 'euphonious' ac un mwy Cymraeg,
ac awgrym y Clerc y dylid enwi'r pentref yn Dre-Waddell
ymddengys i'r cynghorwyr ymateb yn fwy ffafriol i
awgrym Mr John Davies fod Waddelston yn enw mwy
addas i'r pentref oherwydd 'Mr Waddell has practically
made the place'.

Roedd y drafodaeth hon, ynghyd â'r ganmoliaeth i
deulu Watney, yn amlygu perthynas a ymddangosai'n un
gyfeillgar rhwng y glowyr lleol a'r perchnogion a drigai
yn yr ardal ac a ddangosai agwedd dadol at eu gweithwyr.
Yn fuan wedyn profwyd anawsterau, a chafwyd tyndra'n
rheolaidd mewn cymunedau gwledig a diwydiannol.
Digwyddiad o bwys yn yr ardal hon oedd Deddf Cau
Tiroedd Comin 1811, a fu'n gyfrifol am ddosbarthu
a gwerthu tir comin y Mynydd Mawr ac am derfynu
hawliau pori'r trigolion lleol ar y comin. Ceir mynediad
i'r comin drwy lidiardau a oedd wedi lleoli mewn cylch
bras o amgylch y Mynydd Mawr; yn eu plith roedd Waun-
wen, Rhyd-y-biswel, Felin-fach a Rhyd-y-maerdy, enwau
lleoedd sy'n parhau yn yr ardal heddiw, a hefyd Twll-y-
lladron ger Cross Hands (trafodir isod eglurhad posib am
yr enw hwnnw). Roedd ffald wedi'i lleoli hefyd yn Rhyd-
y-maerdy, ac roedd y ffaldiau eraill yn cynnwys y rhai a

sefydlwyd yng Ngors-las ac yn Rhyd-y-gwiail, ger Llyn Llech Owen. Ar ôl eu casglu ar y tir comin, câi gwartheg crwydr eu hawlio gan y perchnogion am daliad bychan, a deuai'r rhai nas hawliwyd ymhen amser yn eiddo i arglwydd y faenor, sef perchennog stad Gelli Aur.

Gwnaeth terfynu arferion traddodiadol yn sgil Deddf 1811, pwysau cynyddol yn dilyn Deddf Newydd y Tlodion 1834 a Deddf Cymudo'r Degwm 1836, a gweithredu'r System Dyrpeg ychwanegu at gwynion y gymuned leol. Roedd plwyf Llangyndeyrn a Llandybïe yn ganolfannau pwysig o ran cynhyrchu calch. Disgrifiwyd plwyf Llangyndeyrn gan Nicholas Carlisle, yn *A Topographical Dictionary of the Dominion of Wales* (1811), yn 'grand natural Depot of Lime for the County' ac am fod cyrraedd yno o bellter o 28 a 30 milltir, dywedwyd bod yr Ymddiriedolaeth Dyrpeg yno yn fwy cynhyrchiol bron nag unrhyw ddau borth arall yn y sir.

Terfysg Beca, a ddechreuodd yn 1839, oedd ymateb trigolion lleol nid yn unig i bwysau gormesol y tollbyrth, ond hefyd i'r ymddatod yn y fframwaith cymdeithasol. Dinistriwyd tollborth Porth-y-rhyd ar 18 Awst, ac ar 22 Awst 1843 ymosodwyd ar Gelli-wernen, cartref John Edwards, goruchwyliwr Rees Goring-Thomas, Llan-non, y tirfeddiannwr lleol a oedd yn ymfeddiannydd degwm ar raddfa fawr. Beirniadwyd John Edwards yn llym am ei agwedd sarhaus mewn llythyr a anfonwyd at ei gyflogwr gan William Chambers (yr Ieuengaf), a oedd hefyd yn berchennog tir yn yr ardal. Yr oedd ef a'i dad, a etifeddodd stad Stepney, yn ddiwydianwyr amlwg ac yn ynadon yn Llanelli ac yn 1840 sefydlodd y mab Grochendy Llanelli. Ar 25 Awst cadeiriodd gyfarfod ar Fynydd Sylen lle yr adroddwyd bod torf o ryw 3,000 yn bresennol. Yr oedd y siaradwyr yno yn cynnwys yr hanesydd lleol, Stephen

Evans, Cil-carw. Anerchwyd y dorf ganddo yn huawdl yn y Gymraeg, ac ymddengys iddo fod yn gysylltiedig â nifer o ymosodiadau Merched Beca, ac iddo arwain ymosodiadau yn achlysurol. Yn ddiweddarach yn yr un mis, ymosododd grŵp o ddilynwyr Beca ar fferm Gelliglyd, ger Cross Hands, a dwyn arian, eiddo a gwn oddi ar y ffermwr, John Evans.

Ar ddechrau mis Medi cafodd yr arweinydd lleol John Hughes (Jac Tŷ-isha), brodor o'r Tymbl, ei ddal wedi i'r ynadon dderbyn gwybodaeth am y bwriad i ymosod ar y tollbyrth ym Mhontarddulais a'r Hendy, ac roedd William Chambers (yr Ieuengaf) ymhlith yr ynadon a gymerodd ran yn y digwyddiad. Dedfrydwyd John Hughes i'w alltudio am 20 mlynedd, ac wedi iddo gwblhau'r rhan fwyaf o'i ddedfryd, priododd ac ymsefydlodd yn Tasmania. Daeth tyrfa enfawr, yn cynnwys rhwng dwy a thair mil o bobl ynghyd ar 13 Medi yn Llyn Llech Owen, a thynnwyd sylw yno at ddeiseb i'r Frenhines yn rhestru cwynion y gymuned, gan gynnwys tollau, taliadau'r degwm a rhenti uchel. Yn yr un mis, cafodd dau arweinydd amlwg arall, sef John Jones (Shoni Sgubor Fawr) a David Davies (Dai'r Cantwr), eu dal yn fuan wedi iddynt ymosod ar gartref Mr Slocombe, rheolwr Gwaith Haearn y Gwendraeth, Pontyberem. Fe'u cosbwyd yn llym; alltudiwyd Shoni am oes a Dai am 20 mlynedd.

Er gwaethaf yr argraff ddiamheuol o ddioddef cyffredinol mewn ardaloedd gwledig, llwyddid yn achlysurol i fanteisio'n anghyfreithlon ar eiddo a gollid mewn llongddrylliadau ar draeth Cefn Sidan i'r gorllewin o Lanelli. Cyfeiria tystiolaeth a gyflwynwyd mewn llysoedd ynadon, a hefyd adroddiad gan y llywodraeth yn 1839, at wŷr a gwragedd, sef 'Gwŷr y Bwelli Bach', yn ysbeilio ac yna gosod yr ysbail mewn cuddfannau yn y trefi a'r pentrefi lleol. Yn 1834, dirwywyd dau ffermwr o Langyndeyrn am werthu crwyn ychen gwyllt ac fe'u dedfrydwyd i garchar. Er y pellter o ryw ddeuddeng milltir rhwng Cross Hands a Chefn Sidan, mae'n bosib mai ei swyddogaeth fel un o'r cuddfannau sy'n egluro'r enw Twll-y-lladron ar dŷ ger Cross Hands ym mhen uchaf Cwm Gwendraeth Fawr.

Arweiniodd y cynnydd mewn gweithgarwch diwydiannol at gynyrfiadau achlysurol. Er gwaethaf y parch a fynegwyd gan drigolion Pontyberem at deulu Watney (fel y trafodwyd eisoes) cyfeiria nodyn yng nghofnodion y Cyfrifiad yn 1851 at ddiswyddo gweithwyr yn y glofeydd a'r gweithfeydd haearn. Bu gweithwyr tun Cydweli yn dadlau yn 1867 pan wrthwynebodd Thomas Chivers yn ddygn alwadau am godiad cyflog gan ei weithwyr a oedd wedi ffurfio cangen o'r undeb newydd, yr Independent Association of Tinplate Makers.

Bwriad i ostwng cyflogau oedd prif achos streic y Tymbl yn 1893, ond elfen bwysig arall oedd dyfodiad gweithwyr o'r Alban a gogledd Lloegr. Lletywyd llawer ohonynt yn y 'Lodging House' a godwyd gan deulu Waddell ger Glofa'r Mynydd Mawr. Cynhaliwyd cyfarfod enfawr o lowyr ar Gae Pound yn Cross Hands ar 1 Mai (Dydd Mabon), ac yna gorymdeithiodd 3,000 o bobl drwy Cross Hands a'r Tymbl, (lle y trawyd Mr Beith, rheolwr y lofa, yn ei wyneb) i'r Gwendraeth Arms yng Nghwm-mawr. Ar ddechrau mis Medi, ymosododd tyrfa gynddeiriog ar y 'Lodging House' yn y Tymbl ac yn ôl un adroddiad papur newydd lleol malwyd pob ffenestr â cherrig a briciau, gan orfodi'r lletywyr o'r Alban i ddianc i oruwchystafell. Mewn ymosodiad ar Fryn Gwili, Cross Hands, cartref Mr Beith, malwyd ffenestri a drws gwydr, a thrawyd Mrs Beith, a oedd wedi dychryn yn llwyr, â ffon risiau bres.

Cyflwynwyd adroddiad manwl o'r sefyllfa ym mhentref y Tymbl yn y *Llanelly Mercury* ar 14 Medi (gweler y fersiwn Saesneg).

At hynny, arweiniodd newidiadau sylfaenol yng nghyfansoddiad y diwydiant glo at derfysg. Sefydlwyd nifer o weithiau glo sylweddol yng Nghwm Gwendraeth Fawr tua diwedd y 19eg ganrif a dechrau'r 20fed ganrif: ym Mhontyberem, Glofeydd Drifft Pentre-mawr yn 1883, a Glynhebog yn 1886; Glofa Ddrifft Pont-henri yn 1891; Glofa Newydd Cross Hands yn 1892; Glofa Ddrifft Newydd Dynant, Cwm-mawr yn 1901; a Glofa Blaenhirwaun yn 1907. Agorwyd glofa'r Emlyn ym Mhen-y-groes yn 1893. Roedd 450 o lowyr yn gweithio yno yn 1896, ac roedd y nifer wedi codi i 700 yn 1913, cyn gostwng i 602 yn 1918 a chynyddu eto i 760 yn 1923.

Yn yr un flwyddyn ffurfiwyd unedau mawr, yr Amalgamated Anthracite Collieries Ltd a'r United Anthracite Collieries Ltd a ddaeth yn berchnogion nifer o'r glofeydd lleol, a chyfrannodd eu natur amhersonol at y tensiynau a amlygwyd yn streiciau 1925 ac 1926. Yn 1925 adroddwyd bod yr heddlu wedi cael eu brawychu yn Cross Hands gan dorf dan arweiniad Edgar Lewis, yr atalbwyswr lleol, yn canu'r emyn-dôn 'Aberystwyth' gyda'r geiriau ymfflamychol yn cyfeirio at 'orthrymderau mawr y byd'. Carcharwyd nifer o lowyr, gan gynnwys Edgar Lewis ym mis Rhagfyr, a thalwyd teyrnged i'w rinweddau yn y geirda a anfonwyd at yr Ysgrifennydd Cartref gan Owen Hughes, un o arweinwyr Gospel Hall, Cross Hands. Cyflwynwyd anerchiad i gyfarfod protest gan James Griffiths, trefnydd llawn-amser y Blaid Lafur yn Llanelli ac Aelod Seneddol Llanelli yn 1936. Cofnodwyd gan ysgrifennydd eglwys Bresbyteraidd Bethel, Cross Hands yn 1926 mai: 'blwyddyn i'w hir gofio fu y flwyddyn hon. Bu y glofeydd yn segur am saith mis, o fis Mai hyd ddiwedd Tachwedd, a'r oll o'r gweithwyr bron yn derbyn eu cymorth oddi wrth y Plwy'.

Yn wahanol i weddill maes glo de Cymru, a ddioddefodd effeithiau dirwasgiad yr 1930au cynnar, parhaodd y galw mawr am lo carreg Cwm Gwendraeth. Yn y cyswllt hwn mae'n berthnasol cyfeirio at y niferoedd uchaf o lowyr yn yr amrywiol lofeydd a nodwyd yn 2010 gan Phil Cullen, sef 657 yng Nglynhebog yn 1926; 934 yn Cross Hands, 833 ym Mhont-henri a 717 ym Mlaenhirwaun yn 1927; 715 yn Nhrimsaran yn 1931; 1,316 yn y Tymbl yn 1934; a 939 ym Mhentre-mawr yn 1935. Agorwyd ail lofa'r Emlyn ym Mhen-y-groes yn 1925–6 a darparwyd ynddi yr offer ddiweddaraf, gan gynnwys golchfa a sgriniau mawr erbyn 1928, a gwell cyfleusterau i'r gweithwyr, megis cantîn a baddonau pen pwll erbyn 1933. Serch hynny, amharwyd ar weithrediad y lofa gan ddirywiad y berthynas rhwng y rheolwyr a'r gweithwyr, yn enwedig ar ôl sefydlu'r South Wales Miners Industrial Union (i gystadlu â'r South Wales Miners Federation, sef prif undeb glowyr de Cymru), ac yn dilyn recriwtio glowyr o Doncaster, swydd Efrog a'r gefnogaeth leol i streiciau 1925 ac 1934. Hefyd, cyfeiriwyd yn 1933 at adnoddau cyfyngedig, ac yn 1934 at anawsterau daearegol. Yn dilyn cwymp ym mhris glo carreg caewyd y lofa yn 1939 ac, wedi cyfnod o weithredu cyfyngedig i gynnal y pympiau, a thrwy hynny gynorthwyo glofa Cross Hands, rhoddwyd y gorau i lofa'r Emlyn yn derfynol yn 1953.

Roedd blynyddoedd yr Ail Ryfel Byd eto yn gyfnod digon llewyrchus, a bu'n rhaid trefnu i'r rhai a alwyd yn 'Bevin boys', nad oedd wedi ymuno yn y lluoedd arfog, weithio yn y glofeydd. Ar yr un pryd bodolai tensiynau, gyda'r glowyr yn mynnu cyflogau uwch ac yn cefnogi'r streic a gynhaliwyd ym mis Mawrth 1944. Yn 1947 gwladolwyd y diwydiant glo a ddaeth wedyn dan reolaeth y Bwrdd Glo Cenedlaethol. Caewyd nifer o'r pyllau, gan gynnwys glofa Glynhebog yn 1949, glofa Ddrifft Newydd Dynant yng Nghwm-mawr yn 1952, glofa Ddrifft Newydd Trimsaran yn 1954, glofa Carwe yn 1960, glofeydd y Mynydd Mawr, Blaenhirwaun a Cross Hands yn 1962, a Phentre-mawr yn 1973. Cysylltwyd y broses o gau'r glofeydd hynny â'r penderfyniad i ganoli'r diwydiant glo lleol yng nglofa Cynheidre a gwelwyd datblygiad enfawr yno yn ystod y blynyddoedd wedi 1960. Denwyd yno lowyr o Durham a'r Alban, a'r nifer uchaf o lowyr yng Nghynheidre oedd 1,446 yn 1964. Bu datblygiad enfawr yn y lofa hon wedi 1960, yn sgil y bwriad i gynhyrchu tua miliwn tunnell o lo bob blwyddyn am y ganrif nesaf. Cyfrannodd pryder am ddyfodol eu swyddi at y gefnogaeth leol i streic 1972, a barhaodd am saith wythnos, streic 1974 a ddaeth i ben ar ôl pedair wythnos a'r streic a barhaodd bron flwyddyn, o 12 Mawrth 1984 hyd 5 Mawrth 1985. Y prif gymhelliad oedd gwrthwynebiad i'r posibilrwydd y byddai glofeydd yn cau a'r bygythiad i gyflogaeth leol, a chaewyd glofa Cynheidre yn 1989, er gwaethaf addewidion na fyddai hynny'n digwydd. Yn fuan wedyn, yn 1992, caewyd glofa Cwmgwili ger Cross Hands, menter ddiweddar a oedd yn hynod gynhyrchiol. O ganlyniad nid oedd bellach unrhyw lofa cloddio dwfn yn y Cwm ond gwnaed sawl ymdrech i sefydlu gweithiau glo brig newydd, megis yr un ar safle Ffos-las yn ardal Trimsaran. Yn y flwyddyn 2000, caewyd y gwaith brics a sefydlwyd yn 1911 yn ymyl glofa'r Emlyn ym Mhen-y-groes, ac fe'i dymchwelwyd yn 2006. Bu'r odyn yn gweithio'n barhaol yno rhwng 1911 ac 1999.

Cysylltir digwyddiadau'r gwrthdaro yn ystod hanner cyntaf yr 20fed ganrif yn bennaf â chwm diwydiannol y Gwendraeth Fawr ond yn y cyfnod 1960–5 tynnwyd y prif sylw at gymunedau gwledig dyffryn y Gwendraeth Fach. Yn y cyfnod hwn ymladdwyd brwydr arwrol, lwyddiannus gan bentrefwyr Llangyndeyrn i wrthwynebu ymdrechion Corfforaeth Ddŵr Abertawe i sicrhau, drwy orchymyn prynu gorfodol, yr ardal amaethyddol rhwng Llangyndeyrn a Phorth-y-rhyd er mwyn adeiladu cronfa i gyflenwi dŵr i orllewin Morgannwg. Roedd y datblygiad arfaethedig yn cynnwys adeiladu argae a fyddai'n boddi ffermdai, cartrefi a thir amaethyddol ffrwythlon yn yr ardal, gan ddifetha'r gymuned leol. Y canlyniad oedd uno'r gymdogaeth i wrthwynebu'r cynllun a ffurfiwyd yn fuan bwyllgor amddiffyn. Ym mis Hydref 1963 gosodwyd atalfeydd i rwystro tirfesurwyr rhag dod i mewn i'r pentref, a bu gwrthdaro chwerw ym mhentref Llangyndeyrn. Cafodd yr ymgyrch gryn sylw yn y cyfryngau a chefnogaeth eang, ac ymhen amser cytunodd Corfforaeth Abertawe i ailystyried eu cynigion, ac i ddatblygu cronfa yn Rhandir-mwyn, sydd bellach yn ffurfio cronfa ddŵr Llyn Brianne.

Cadarnhaodd ymdrechion trigolion Llangyndeyrn i amddiffyn eu cartrefi eu ymrwymiad cryf i'w hardal, a gwelid yr un math o deyrngarwch i'r gymuned yn y pentrefi glofaol. Yno, ffurfiwyd cymunedau clòs yn sgil y caledi a brofwyd dros gyfnod estynedig, y trychinebau brawychus a geid yn ysbeidiol, a'r arwyddion cyson o'r niwed parhaol a achoswyd i iechyd cynifer o lowyr. Er gwaethaf y pwysau a wynebid yn ddyddiol, gyda'r glowyr yn cyflawni dyletswyddau llafurus a pheryglus a chyn-lowyr, a orfodwyd yn aml i ymddeol yn ifanc, yn dioddef effeithiau eu gyrfaoedd glofaol, trefnwyd

amrywiaeth o weithgareddau hamdden yn yr ardal. Wrth
ystyried y cyfleusterau hamdden mae'n bwysig cyfeirio
at y tafarndai a sefydlwyd mewn nifer o ardaloedd.
Y mae cyfeiriadau cynnar atynt yn cynnwys un eitem a
gynigiwyd i'w gwerthu mewn arwerthiant yng Ngwesty'r
Llwyn Iorwg, Caerfyrddin ar 6 Hydref 1776, sef tŷ tafarn
rhydd-ddaliadol / bragdy ym Mhontyberem. Cofnododd
Iolo Morganwg, wrth deithio trwy'r ardal yn 1793,
sylwadau ffafriol am y gwesty y bu'n aros ynddo yn Llan-
non. Yn ei gyfrol *Hanes Pontyberem* (1856) cyfeiriodd
Stephen Evans at adeiladau a godwyd yn y pentref hwn,
y Westfa Newydd, a alwyd wedyn yn New Inn yn 1815, a'r
Plough yn 1833. Darparwyd manylion gan Gyfrifiad 1841
am y Boat and Anchor, eto ym Mhontyberem, ac enwyd
gan yr un cyfrifiad y tafarndai canlynol ym mhlwyf Llan-
non: New Lodge, Farmers' Arms, Greyhound, King's
Head, Red Lion, Smith's Arms, Tumble Tavern a'r Cross
Hands.

Erbyn 1920 yr oedd y nifer wedi cynyddu'n sylweddol,
ac mae'r rhai a gofnodwyd yng nghyfarwyddiadur Kelly
ar gyfer sir Fynwy a de Cymru am y flwyddyn honno yn
cynnwys: y Pelican, y Bell, y Corporation Arms, y Plough
and Harrow, y Lord Nelson, y Chemical Hall, y Castle,
y Red Lion, y Phoenix, y Masons Arms, y Lamb and
Flag, y Prince of Wales a'r White Lion yng Nghydweli;
y Bridgend, y Rwyth Inn a'r Queen Victoria ym Mhont-
iets; y Black Horse ym Meinciau; y Red Lion a'r Incline
ym Mhont-henri; y New Inn ym Mhontyberem; y
Smith's yn Llangyndeyrn; a'r Bridge-end a'r Halfway ym
Mhontantwn. Hefyd, yr Abadam ym Mhorth-y-rhyd; y
Mansel Arms ger Dre-fach; y Tumble Inn, y Workmen's
Club ac efallai er syndod, yr Abergwendraeth Conservative
Club yn y Tymbl; y Commercial, y Gwendraeth Arms a'r

Greyhound yn Llan-non; y Smith's Arms yn Foelgastell; y Dynevor Lodge yng Nghefneithin; y Farmers Arms a'r Cross Hands yn y pentref o'r un enw; yr Union Tavern yng Ngors-las, a'r Norton a'r Farmers Arms ym Mhen-y-groes.

Mae'n bosibl mai un o ganlyniadau anuniongyrchol Eisteddfod Genedlaethol enwog Caerfyrddin 1819 oedd ffurfio yn 1834, Gymdeithas Cymmrodorion y Mynydd Mawr yn nhafarn y Cross Hands. Un o eisteddfodau cynharaf y fro hon oedd Eisteddfod Bryn-du, a gynhaliwyd yn 1875 yn fuan wedi agor yr ysgol yno. Roedd yn y Tymbl nifer o gorau, gan gynnwys corau merched, meibion a phlant, a chorau cymysg megis y Tumble United Choir a ffurfiwyd gan T. J. Morgan, a'i olynydd, y Tumble and District United Choir, gyda'i fab, David Morgan yn arweinydd. Perfformiwyd gan y corau hyn oratorios megis y *Messiah*, *Samson*, *Elijah* a'r *Creation*. Côr merched arall oedd un Luther Lewis, Dre-fach, a sefydlwyd Côr Meibion y Mynydd Mawr yn 1965. Sefydlwyd nifer o fandiau yn y ddau gwm ar ddiwedd y 19eg ganrif a dechrau'r 20fed ganrif gan gynnwys y band pres a ffurfiwyd tua 1890 yn ardal Dre-fach a Chwm-mawr, bandiau pres Crwbin a Mynydd-y-garreg, a bandiau 'Fife' y Tymbl a Phont-iets. Ffurfiwyd cerddorfa yn Cross Hands yn gynnar yn yr 20fed ganrif, ac ar ddiwedd tridegau'r ganrif sefydlwyd Cyngor Celfyddydau y Mynydd Mawr, gyda theulu Tom James, Cross Hands yn chwarae rhan flaenllaw yn y gweithgareddau a drefnwyd. Ffurfiwyd corws a cherddorfa lawn o blith y trigolion lleol a pherfformiwyd yn Neuadd Cross Hands, hyd at ddechrau'r pumdegau, gyfres o operâu gan gynnwys *Hansel and Gretel*, *Samson and Delilah* a *Cavalleria Rusticana*. Gwahoddwyd i'r neuadd gerddorfeydd adnabyddus rhyngwladol, a chwmnïau drama crwydrol cynnar Cyngor Celfyddydau Prydain. Cyflwynwyd hefyd yn y neuadd ddramâu gan gwmnïau lleol, gan gynnwys Cwmni Dan Matthews, Pontarddulais; Cwmni Ivor Thomas, Pont-henri; a Chwmni Edna Bonnell, Pwll, Llanelli; a'r dramâu *Lili'r Gwendraeth*, *Glo Caled*, a *Corn Beca* gan y dramodydd lleol, Gwynne D. Evans. Ym mlynyddoedd cynnar y ganrif hon cafodd *Theatr Fach / Little Theatre Cross Hands*, dan gyfarwyddyd Brin Davies, lwyddiant yng nghystadlaethau drama'r Eisteddfod Genedlaethol.

Arweiniodd y gefnogaeth frwd i weithgareddau diwylliannol at alw am ddarparu mannau cyfarfod addas, a chyfrannodd y glowyr symiau wythnosol o'u cyflogau i gynnal y neuaddau cyhoeddus lle y trefnid llyfrgelloedd a chyfleusterau hamdden. Cysylltiad pwysig arall â'r diwydiant glo oedd taith Cwmni'r Tymbl i ogledd Cymru adeg Streic Fawr 1926 pan gasglwyd £350 tuag at y Gegin Gawl yn y Tymbl. Yn 1896, yn dilyn cais gan 175 o drigolion Pontyberem am leoliad addas i gynnal dramâu, cyngherddau ac eisteddfodau, ac am fan cyfarfod i ddatrys anghydfodau, sicrhawyd darn o dir yn 1903 i godi 'a public meeting place'. Roedd y gweithredoedd yn cyfeirio at y bwriad i adeiladu neuadd ar gyfer pobl Pontyberem, a oedd, mae'n amlwg, yn ddyledus i haelioni Mr Seymour, cyfarwyddwr y cwmni a oedd yn berchen y lofa. Adeiladwyd ystafell ddarllen yn 1908, ac wedi adeiladu'r Institute yn 1927, agorwyd y Neuadd Goffa yn 1934. Yn Cross Hands cafodd neuadd gyhoeddus ei hagor yn 1904, ei helaethu yn 1913 (pan ychwanegwyd ystafell ddarllen a phwyllgora a bord biliards) a'i hadnewyddu yn 1926, ac eto yn 1992. Yn dilyn cyfarfod cyhoeddus a gynhaliwyd yn 1913, agorwyd neuadd gyhoeddus yn y Tymbl yn 1915. Cyn hynny, yr oedd Ystafell Ddarllen wedi ei hagor yn fuan ar ôl agor y lofa, ac fe'i haddaswyd wedyn yn sinema.

Adeiladwyd sinemâu mewn nifer o leoliadau yng Nghwm Gwendraeth Fawr, a chynigiai'r *monkey parades* a gynhelid ar y briffordd yn eu hymyl ar y penwythnos, fel yr un ger y Capitol yn Cross Hands, gyfleoedd braf i bobl ifanc gyfarfod â'i gilydd. Roedd y ffilmiau a ddangosid yn hynod o boblogaidd, ac yn uniaith Saesneg, yn wahanol iawn i'r mwyafrif o'r dramâu a lwyfennid yn neuaddau'r Cwm. Yn ogystal â'r dramâu, llwyfennid amrywiaeth o weithgareddau yn y Gymraeg, megis cyngherddau yn cyflwyno doniau perfformwyr lleol, fel y deuawdau Jac a Wil; Shoni a Iori; mab Iori, sef Ronnie Williams; a grwpiau y Troubadours a Bois y Blacbord.

Gwnaed defnydd helaeth o'r neuaddau gan y capeli, i gynnal oedfaon fel y gwnaeth eglwysi lleol Bethania a Bethel yn neuadd Cross Hands; i gynnal eisteddfodau, megis yr un a drefnwyd gan Bethel yn 1916 i godi arian; ac i lwyfannu cynyrchiadau cwmni drama Bethel yn yr 1930au a'r 1940au o'r dramâu *Yr Oruchwyliaeth Newydd* a'r *Ddwy Frân Ddu*, a'r operâu *Holiday on the Sands*, *Ymgom yr Adar* ac *Agatha*. Hefyd, cynhaliwyd llawer o'r gweithgareddau cerddorol yn y capeli, ac roedd cymanfaoedd canu yn arbennig o boblogaidd. Cynhaliwyd amrywiaeth o gymanfaoedd canu, oratorios, datganiadau organ, operâu, cyngherddau a dramâu yng Nghapel Sul, Cydweli, ac adroddwyd bod y capel yn orlawn ac iddynt orfod cael seddau ychwanegol ar 20 Medi 1958 pan berfformiwyd yr oratorio *Hymn of Praise* gan gôr mawr a cherddorfa dan arweiniad y Dr Terry James.

Elfen bwysig arall o'r gweithgareddau hamdden

yw'r diddordeb ysol mewn amrywiaeth o chwaraeon, ac yn arbennig felly mewn rygbi, gyda brwdfrydedd y chwaraewyr a'r cefnogwyr, o bosibl, yn adwaith yn erbyn anawsterau eu hamodau gwaith. Ffurfiwyd timau ym mhob rhan o Gwm Gwendraeth Fawr, yn ymestyn o Ben-y-groes yn y gogledd; hyd at y ffin ddeheuol ym Mhorth Tywyn, a'r timau presennol yn cynnwys Cefneithin, y Tymbl, Pontyberem, Trimsaran, Pont-iets, Cydweli a Mynydd y Garreg. Ffurfiwyd clwb rygbi Pontyberem yn 1895 ac yn bennaf cyfrifol am hynny oedd y ddau frawd Harold William a Godfrey Colston Seymour, meibion Thomas Seymour, perchen gwaith glo Coalbrook yn y pentref. Addysgwyd y ddau frawd yng Ngholeg Llanymddyfri ac roedd y datblygiad ym Mhontyberem yn enghraifft arall o ddylanwad yr ysgol fonedd honno ar ymestyn poblogrwydd rygbi yn ne Cymru. Sefydlwyd clybiau trwyddedig, megis Clwb Rygbi Cefneithin yn yr adeilad a fu cyn hynny yn dafarn y Farmers Arms, Cross Hands. Yn y blynyddoedd diweddar enillwyd bri rhyngwladol gan nifer o'r chwaraewyr, gan gynnwys Carwyn James a Barry John (Cefneithin), D. Ken Jones (Cross Hands), Gareth Davies a Dwayne Peel (y Tymbl, a hefyd Robin McBryde sydd bellach yn byw yn y pentref), Jonathan Davies (Trimsaran) a Ray Gravell (Mynydd y Garreg); a'r dyfarnwr Nigel Owens (Mynydd Cerrig).

Rhoddir cefnogaeth frwd gan nifer o ddilynwyr i dîm rygbi Llanelli, sydd wedi'i leoli ym Mharc y Scarlets ar hyn o bryd, ond a oedd yn flaenorol ym Mharc y Strade. Sefydlwyd clybiau criced a phêl-droed mewn nifer o'r pentrefi lleol. Yn y gorffennol cefnogid timau criced Morgannwg ar feysydd y Strade, Llanelli a Sain Helen, Abertawe; a thimau pêl-droed Tref Llanelli ar faes Stebonheath a Dinas Abertawe ar gae'r Vetch, Abertawe.

Erbyn hyn, mae Sain Helen yn parhau i ddenu'r cefnogwyr criced, a Stadiwm y Liberty ger Abertawe yn gyrchfan poblogaidd ers i'r 'Elyrch' gael eu dyrchafu i brif adran y Gynghrair Bêl-droed yn 2011.

Cyfeiriwyd uchod at y ddamcaniaeth fod y cefndir i'r diddordeb mawr mewn chwaraeon, yn enwedig rygbi, i raddau yn adwaith yn erbyn trafferthion byd gwaith. Ond, cyfrannodd peryglon a chaledi'r diwydiant glo at y pwyslais a roddid ar addysg hefyd, a gwnaed sawl cenhedlaeth o blant yn ymwybodol o brinder swyddi mewn meysydd eraill yn y Cwm. Trefnwyd nifer o ysgolion cylchynol yn y 18fed ganrif gan Gruffydd Jones, a rhaid ystyried yn ofalus dystiolaeth adroddiad y llywodraeth ar addysg yn 1847 (a alwyd yn Frad y Llyfrau Gleision, oherwydd diffyg gwybodaeth yr awduron o'r Gymraeg). Yr argraff a gyflwynir yw fod cyfran uchel o'r boblogaeth leol yn methu darllen nac ysgrifennu, a bod y ddarpariaeth leol, ar wahân i'r ysgolion Sul, yn enwedig rhai'r capeli Anghydffurfiol, yn ddiffygiol iawn. Roedd cysylltiad agos rhwng yr ysgol Genedlaethol, a agorwyd yn Llan-non yn 1841, a'r eglwys Anglicanaidd, a noddid yr ysgol gan Rees Goring-Thomas, y bonheddwr lleol. Helaethwyd yr ysgol yn 1875, ac yn yr un flwyddyn agorwyd ysgol Bryn-du, tua milltir o bentref Llan-non, i ddarparu addysg ar gyfer yr Anghydffurfwyr hynny ym mhlwyf Llan-non na ddymunai i'w plant fynychu'r ysgol Genedlaethol. Cofia'r trigolion presennol berthnasau hŷn yn adrodd eu hatgofion am orfod cerdded cryn bellter mewn tywydd garw i gyrraedd ysgolion cynradd, fel y gwnâi plant ardaloedd pen uchaf y Cwm i ysgol Bryn-du, ac am y siwrneiau i ysgolion gramadeg Llanelli, Caerfyrddin, Llandeilo a Rhydaman cyn agor Ysgol Ramadeg y Gwendraeth yn 1925.

Yn gyffredinol, y duedd gynnar yn yr ysgolion elfennol

a'r ysgolion gramadeg oedd rhoddi pwyslais ar y Saesneg mewn cymunedau lle'r oedd y plant i raddau helaeth yn siaradwyr uniaith Gymraeg. Hefyd roedd dysgu darnau ar y cof a chydadrodd yn elfen bwysig o'r ddarpariaeth addysgol. Un o gyn-ddisgyblion Ysgol Bryn-du oedd R. R. Williams, a luniodd bolisi iaith goleuedig ar gyfer Cwm Rhondda pan oedd yn Is-gyfarwyddwr Addysg yno. Serch hynny, y mae nifer o gyfeiriadau yng nghofnodion Cyfrifiadau 1891 ac 1901 yn awgrymu awyrgylch Seisnig ysgolion lleol, a thynnwyd sylw at athrawon a siaradai Saesneg yn unig, megis William Evans, ysgolfeistr Llannon.

Roedd nifer o'r rhai a gofnododd eu hargraffiadau am eu magwraeth yn cofio'r profiad anffodus o dderbyn eu haddysg mewn sefydliadau Saesneg er gwaethaf cymeriad cwbl Gymraeg y cymunedau y'u maged ynddynt. Diddorol felly yw cymharu sylwadau dau weinidog amlwg, un ym mhen ucha'r Cwm a'r llall ynghanol y Cwm. Er i'r Parch. Brifathro D. Eirwyn Morgan sôn yn 1970 am ei fagwraeth ym mhentref 'cwbl Gymreig' Pen-y-groes, lle'r oedd rhai o'r trigolion yn uniaith, 'yr oedd yr Ysgol Gynradd yn lled Saesneg' ac er ei fod yn tybied bod y prifathro'n medru'r Gymraeg, ni chlywodd ef yn siarad yr iaith unwaith gydag athro na disgybl. Ym marn y Parch. Athro Cyril G. Williams: 'y Gymraeg oedd iaith capel, cegin, maes chwarae ac eisteddfod' ym Mhontiets, ac eto: 'yr eithriad oedd yr ysgol, gan y tybiwyd bod Saesneg ac addysg yn gyfystyr ac mai cymwynas oedd ein paratoi ar gyfer galwadau'r byd mawr'. Yr oedd hyn yn wir hefyd am ysgolion uwchradd y Cwm gyda phob pwnc ar wahân i'r Gymraeg yn cael ei ddysgu drwy'r Saesneg hyd at chwedegau'r 20fed ganrif. Erbyn heddiw mae'r sefyllfa wedi ei thrawsnewid yn dilyn sefydlu Ysgol

Ddwyieithog Maes-yr-Yrfa yn 1983 ac ar y safle hon, yn dilyn ad-drefnu sylweddol, agorwyd yn 2013 ysgol newydd, sef Ysgol Maes y Gwendraeth. Cychwynnwyd yn 2014 ar ddatblygiad sylweddol gwerth £18.4 miliwn ar gyfer codi nifer o adeiladau ychwanegol, gan gynnwys adeilad cynllunio a thechnoleg, neuadd chwaraeon a chanolfan ynni. Dynodir heddiw y rhan fwyaf o ysgolion cynradd y ddau ddyffryn yn Ysgolion Categori A yn strwythur addysg sir Gaerfyrddin.

Ystyrir dyffrynnoedd y Gwendraeth Fawr a'r Gwendraeth Fach yn draddodiadol ymhlith yr ardaloedd sydd â'r canrannau uchaf o siaradwyr Cymraeg yng Nghymru a'r ardaloedd sydd hefyd â niferoedd mawr o siaradwyr Cymraeg:

|  | 1961 | 1971 | 1981 |
|---|---|---|---|
| Plwyf Pontyberem: | 2,394 [91.0%] | [87.7%] | [84.4%] |
| Plwyf Llan-non: | 4,475 [89.6%] | [87.4%] | [81.4%] |
| Plwyf Llanarthne: | 3,113 [87.4%] | [81.0%] | [82.0%] |

Erbyn 1991 a 2001 yr oedd y dull o gasglu a chyflwyno'r ystadegau wedi newid:

1991: Pontyberem, 2,602 [80.5%]; Cross Hands, 1,086 [80.4%];
      Gors-las,    2,602 [78.4%]; y Tymbl,     2,770 [78.0%].
2001: Pontyberem, 2,719 [73.3%]; Llan-non,    4,839 [71.4%];
      Gors-las,    3,624 [70.6%].
2011: Pontyberem       [67.4%]; Llan-non               [64.2%];
      Gors-las         [64.1%].

Yn gyffredinol, roedd yr ystadegau uchod ymhlith y rhai uchaf yng Nghymru. Fodd bynnag, o'u hystyried yn fanylach nid yw'r sefyllfa mor gadarnhaol ag yr ymddengys, ac wrth gymharu cofnodion Cyfrifiadau 1991 a 2001 gwelir bod y canrannau wedi disgyn: 6.2%

ym Mhontyberem, 7.1% yn Llan-non a 7.8% yng Ngors-las. Bu cwymp pellach erbyn 2011 a'r lleihad erbyn hynny oedd 5.9% ym Mhontyberem, 7.2% yn Llan-non a 6.5% yng Ngors-las. Dangosir y gostyngiad yn glir yn y tabl isod am Bontyberem:

| Pontyberem | 1961 | 1971 | 1981 | 1991 | 2001 | 2011 |
|---|---|---|---|---|---|---|
| Canran | 91.0% | 87.7% | 84.4% | 80.5% | 73.3% | 67.4% |

Roedd y ganran o siaradwyr Cymraeg yng Nghydweli wedi cwympo i 44.4% erbyn 2011, a chafwyd gostyngiad hyd yn oed yn fwy syfrdanol yn Llanelli. Cofnodwyd yng Nghyfrifiad 1961 fod 16,570 o'r 28,859 o bobl ym mwrdeistref Llanelli yn siaradwyr Cymraeg, sef 57.41% o'r boblogaeth. Canran siaradwyr Cymraeg Llanelli yn 2001 oedd 29.7% ac roedd y ffigwr hwnnw wedi gostwng eto i 23.7% yn 2011. Mynegwyd pryder am ganlyniadau Cyfrifiad 2011 a chyflwynwyd nifer o argymhellion mewn adroddiad, *Y Gymraeg yn Sir Gâr*, gan weithgor a sefydlwyd gan Gyngor Sir Caerfyrddin ym mis Mawrth 2014.

Ystyrir ardaloedd gorllewinol maes glo de Cymru yn ardaloedd allweddol yn nyfodol yr iaith, yn sgil eu poblogaeth fawr o'u cymharu ag ardaloedd mwy gwledig a gwasgaredig eu poblogaeth yng ngorllewin Cymru. Felly, rhaid asesu'r ystadegau uchod ar gyfer y cyfnod 1961–2011 yng nghyswllt y newidiadau sylweddol ym mhatrwm cyflogaeth yng Nghwm Gwendraeth Fawr, ac yn wir, yn y 120 mlynedd o 1891 hyd 2011 bu newidiadau diwydiannol aruthrol yn yr ardal hon. Ar ddechrau'r cyfnod dan sylw roedd y Cwm ar ganol gweddnewid o fod yn gymuned amaethyddol i fod yn un â'i phrif gyflogwr yn y diwydiant glo, a hynny am bron i hanner canrif. Yn yr un modd â nifer eraill o gymunedau yn ne Cymru trawsnewidiwyd y Cwm yn dilyn y cynnydd yn nylanwad y diwydiant glo, a fu'n gynhaliaeth am flynyddoedd i drigolion yr ardal ac a arweiniodd at dwf y boblogaeth.

Dengys tystiolaeth Cyfrifiad 1891 ar gyfer plwyf Llannon fod 90.3% o'r trigolion yn hanu o sir Gaerfyrddin, ac er mai ychydig dros hanner a aned ym mhlwyf Llan-non, gyda 90.7% o'r rheini yn siaradwyr uniaith Gymraeg, hanai carfan sylweddol o'r plwyfi amgylchynol yn sir Gaerfyrddin. O'r rhai a aned y tu allan i'r sir, daeth y rhan fwyaf (75) o'r siroedd hynny a oedd yn agos i sir Gaerfyrddin, yn enwedig sir Forgannwg, ac roedd 54 (72%) yn siaradwyr uniaith Gymraeg. Yr oedd datblygiadau diwydiannol yn cynnig cyfleoedd gwaith gwerthfawr i drigolion y cymunedau amaethyddol a leolid i'r gogledd a'r gorllewin, lle'r oedd nifer fawr o siaradwyr Cymraeg, a symudodd nifer ohonynt i blwyf Llan-non. Parhaodd y duedd hon yn ystod yr 20fed ganrif, gan sicrhau bod Cwm Gwendraeth yn parhau yn un o gadarnleoedd yr iaith yng Nghymru. Er bod gweithwyr o bob ardal o Gymru wedi symud i gymoedd dwyreiniol de Cymru, denwyd hefyd nifer sylweddol o'r siroedd cyfagos yn Lloegr. Felly, yr oedd dyfodol y Gymraeg yn yr ardaloedd hynny yn fwy ansicr nag yng Nghwm Gwendraeth, sef ardal orllewinol maes glo de Cymru. Yr oedd felly yn haws cymathu mewnfudwyr, ac ymhlith yr unigolion a enwyd yn 1891 yr oedd y glowyr William Piles ac Edward Peel, a hanai o Wlad yr Haf. Fe'u cofnodwyd yn 1901 yn siaradwyr Saesneg, ond roedd eu gwragedd a'u plant naill ai'n ddwyieithog neu'n uniaith Gymraeg, ac erbyn heddiw mae'r ddau deulu wedi gosod gwreiddiau dwfn yn yr ardal.

Adlewyrchwyd y patrymau ieithyddol cymhleth yng nghofnodion Cyfrifiad 1901 am nifer o gartrefi penodol yn Tumble Row, y Tymbl, a Furnace Terrace, Pontyberem. Glowyr oedd y rhan fwyaf o breswylwyr Tumble Row a chyfeiriwyd eisoes at y stryd wrth sôn am derfysg 1893. Cymry oedd y mwyafrif ohonynt, ond ymhlith yr eithriadau yr oedd David Timbrel, labrwr 48 oed yn y lofa, a aned yn Cirencester, swydd Gaerloyw. Trigai yn rhif 34 a Saesneg yn unig a siaradai. Yr oedd gweddill y teulu yn ddwyieithog, a'i wraig Ann, 40 oed, yn hanu o blwyf Llan-non, ac yno y ganed eu dau blentyn ieuengaf, Ernst [*sic*], 3 oed, ac Alice, 2 oed. Wedi iddynt briodi, treuliasent rywfaint o amser yn swydd Gaerloyw oherwydd yno, yn Ewen, y ganed y mab hynaf Wilfred Edward, 10 oed. Fodd bynnag, yr oeddynt wedi dychwelyd i Gymru wedyn gan i'r ail blentyn Elizabeth Ann, 5 oed, gael ei geni ym mhlwyf Llandybïe. Dyma enghraifft o deulu lle'r oedd y tad yn fewnfudwr uniaith Saesneg a'r fam yn Gymraes leol a'r ddau wedi magu'r plant yn ddwyieithog. Yr oedd Arthur Bryant, glöwr 35 oed a aned yn Middlesborough, swydd Efrog, hefyd wedi priodi Cymraes, Elizabeth Jane, a aned yng Nghaerfyrddin. Llwyddodd ef i ddysgu'r Gymraeg, a phreswyliai ef a'i wraig yn rhif 74 gyda Blodwen eu merch fach un flwydd. Teulu arall a amlygodd y broses o gymathu ieithyddol oedd yr un a drigai yn rhif 7, Furnace Terrace, Pontyberem, sef William Martin 38 oed, adeiladwr wageni rheilffordd a oedd yn enedigol o Gaerfaddon; ei wraig Lucy, 48 oed, a hanai o Handley yn swydd Dorset; a'u pedwar plentyn, Winifred, 18 oed (a oedd yn gynorthwy-ydd i ddilledydd), Mansell, Pauline a Nellie. Ganed Winifred yn Aberdâr, ac felly mae'n amlwg i'r teulu drigo yno am gyfnod cyn ymsefydlu ym mhlwyf Llan-non lle y ganed y tri phlentyn arall. Er bod y rhieni'n siaradwyr Saesneg, yr oedd y plant yn ddwyieithog. Saesneg yn unig a siaradai eu cymydog, Mary Mann, gweddw 82 oed yn enedigol o Fforest y Ddena, swydd Gaerloyw, ond roedd gweddill trigolion rhif 8 yn siaradwyr dwyieithog: ei merch-yng-nghyfraith y penteulu Mary Louisa Cook, gwraig weddw a hanai o Burslem, swydd Stafford; ei mab Charles (20 oed), 'stationary engine stoker'; ei phedwar nai, Joseph Mann (20 oed), labrwr yn y lofa, Edward (16 oed), halier yn y lofa, John (9 oed) a William (7 oed); a'i phedair nith, Mary (17 oed), Louisa (13 oed), Joanna (12 oed) a Lizzie (5 oed); ynghyd â'r lletywr David Lewis 18 oed.

Y lofa oedd prif gyflogwr yr ardal am fwy nag un cenhedlaeth a bu'n gysylltiedig â phob agwedd ar fywyd yr ardal yn gymdeithasol ac yn ddiwylliannol. Y Gymraeg oedd iaith naturiol y lofa a siaradai'r glowyr yr iaith yn y gwaith ynghyd ag yn eu cartrefi. Cadarnhawyd hyn gan Terry Davies, cyn-löwr a chynghorydd yn cynrychioli Gors-las heddiw ar Gyngor Sir Caerfyrddin, a ddywedodd mewn cyfweliad fod y Gymraeg yn cael ei defnyddio'n helaeth gan y gweithwyr yn y lofa: 'Yng Nghyfrinfa'r Undeb roedd y drafodaeth i gyd yn Gymraeg ym mhob cyfarfod ond roedd y cofnodion i gyd yn Saesneg.' Roedd y diwydiant yn galluogi'r boblogaeth i weithio'n agos i'w cartrefi, ac yn rhoi rhywfaint o sicrwydd swydd iddynt. (Cofnodwyd y cyfweliad yn nhraethawd doethuriaeth Hywel Befan Owen, 'Effaith dad-ddiwydiannu ar yr iaith Gymraeg yng Nghwm Gwendraeth' (2005), sydd hefyd yn cynnwys astudiaeth fanwl o dystiolaeth Cyfrifiadau 1891 ac 1901 a drafodwyd eisoes.)

Os bu i ddatblygiad y diwydiant glo gyfrannu'n fawr at gynyddu nifer y siaradwyr Cymraeg yng Nghwm Gwendraeth Fawr, niweidiol fu effaith y broses o gau glofeydd yn ystod ail hanner yr 20fed ganrif. Pwysleisiwyd hynny gan yr adroddiad a baratowyd yn 1991 gan Coopers

& Lybrand Deloitte, a nododd fod y polisi o gau gweithiau glo wedi arwain at golled o bron i 30% o swyddi yng Nghwm Gwendraeth Fawr, a bod y lefel ddiweithdra yn y Cwm yn 15% o gymharu â 10% yng Nghymru ac 8% yn y Deyrnas Unedig. Tynnwyd sylw hefyd at y gwahaniaeth yn y sefyllfa yng ngwahanol rannau o'r Cwm, gyda'r un ym mhen ucha'r Cwm yn fwy boddhaol nag yng nghanol y Cwm, a mynegwyd yn yr adroddiad fod pentrefi Pontyberem, Pont-henri a Phont-iets yn dal i berthyn i ardaloedd mwyaf difreintiedig Cymru.

Un o'r rhesymau am y gwahaniaeth rhwng y gwahanol ardaloedd oedd y datblygu a ddigwyddodd ar safle hen lofa Cross Hands, lle y sefydlwyd Parc Busnes yn ddiweddar. Cliriwyd y safle yn gyfan gwbl o'r tipiau glo heddiw mae nifer o siopau a busnesau llewyrchus wedi'u lleoli yma, gan gynnwys siop Leekes, sy'n gwerthu cynnyrch amrywiol fel dodrefn a nwyddau cartref, cegin a gardd; archfarchnad y Co-op, gyda Swyddfa Bost y pentref wedi ei lleoli ynddi; bwyty McDonald's; motel Travelodge a bwyty Little Chef. Gerllaw buddsoddwyd £50 miliwn gan Gyngor Sir Caerfyrddin a Llywodraeth Cynulliad Cymru mewn Parc Bwyd, menter a ddisgrifiwyd yn ganolbwynt strategaeth economaidd y sir, er mwyn creu'r ganolfan ragoriaeth gyntaf ar gyfer technoleg bwyd yng Nghymru. Agorwyd uned cynhyrchu bwyd ac adeilad gweinyddol gan Castell Howell Foods, cwmni cyfanwerthu bwyd annibynnol mwyaf Cymru, a gyflogai 300 o weithwyr yn 2013; ac uned trin bwydydd gan y cwmni Gwyddelig Dawn Pac, sy'n cynhyrchu 1,000 o dunelli o gynnyrch cig bob wythnos. At hynny bwriedir gwario symiau sylweddol ar ddatblygu dwy safle arall: un yn yr ardal ddwyreiniol er mwyn datblygu cynlluniau lleol newydd; a'r llall ar y 'Tip Gorllewinol' lle y bwriedir sefydlu storfa fwyd newydd, ardaloedd preswyl, cyfleusterau gofal iechyd gan gynnwys cartref gofal a meddygfa newydd, swyddfeydd, mannau hamdden, mannau agored, cyfleusterau at ddefnydd y gymuned a chanolfan drafnidiaeth newydd. Yng nghanol y pentref mae'r busnes gwerthu carafannau a sefydlwyd gan deulu Ennis nifer o flynyddoedd yn ôl yn parhau i ddenu cwsmeriaid .

Elfen bwysig o'r datblygiadau uchod yw eu lleoliad yn ymyl ffordd ddeuol yr A48, sy'n cysylltu'r ardal ag Iwerddon i'r gorllewin, a'u hagosrwydd i gylchfan Pont Abraham nad yw ond tair milltir i'r dwyrain ar derfyn gorllewinol Coridor yr M4, sy'n arwain i Abertawe, Caerdydd a dinasoedd Lloegr ac Ewrop. Dyma'r rheswm pennaf am y cyferbyniad rhwng yr ardaloedd hyn a'r pentrefi ynghanol y Cwm, sy'n bellach oddi wrth yr M4 a heb brofi'r un llewyrch economaidd. Gwna'r cwmnïau y gorau o'r cyfleoedd i anfon eu nwyddau i farchnadoedd mewn ardaloedd poblog. Canlyniad arall, sydd â goblygiadau mawr i ddyfodol y Gymraeg, yw'r cyfleoedd gwaith a gyflwynir i'r trigolion lleol. Ar yr un pryd, daeth mudo'n haws, gyda phobl o ardaloedd eraill yn symud i'r Cwm, a thrigolion lleol, yn arbennig ieuenctid, yn teithio'n bellach i gael gwaith ac yn ymsefydlu mewn ardaloedd eraill. Datblygiad arwyddocaol yn ystod y blynyddoedd diwethaf oedd i lawer o estroniaid symud i'r ardal, gan gynnwys nifer fawr o Bwyliaid a ymsefydlodd yn Llanelli ac ym mhen uchaf Cwm Gwendraeth.

Er y pwyslais ar ddatblygu'r safle hon ymdrechwyd hefyd i ddenu cwmnïau i fannau eraill, megis Parc Busnes Pont-henri lle y codwyd 25 uned. Datblygiad cyffrous oedd agor cae rasys Ffos Las, ger Trimsaran, ar 18 Mehefin 2009 gan y Walters Group a'r prif ysgogydd oedd David Walters, cadeirydd y cwmni a pherchennog ceffylau rasio. Fe'i hadeiladwyd ar gost o £20 miliwn ar safle hen waith glo brig, a dyma'r cae rasio 'National Hunt' cyntaf yn y Deyrnas Unedig am 80 mlynedd. Cynhelir wyth ras yma yn 2014, pum ras dros y clwydi a thair ar y gwastad. Yng Nghydweli mae'r cwmni llewyrchus Gravells, a agorwyd yn 1932 gan Tom Gravell, ac am iddynt sicrhau masnachfraint Renault ar 1 Mawrth 1954, dyma'r ddelwriaeth hynaf sydd gan y gwneuthurwr ceir hwnnw yn y Deyrnas Unedig. Mae'r garej yn gwerthu tua 1,000 o geir a faniau newydd, a 1,500 o foduron ail-law bob blwyddyn. Noddir tîm rygbi'r Scarlets gan Gravells a ffurfiwyd partneriaeth bum mlynedd gydag Urdd Gobaith Cymru, sydd wedi sicrhau cymorth ariannol i'r mudiad.

Pwysleisiodd adroddiad Coopers & Lybrand Deloitte hefyd bwysigrwydd y Gymraeg a'i diwylliant yn rhan annatod o'r gymuned leol, a'r tebygrwydd y byddai unigolion a grwpiau lleol yn cyfrannu'n fawr at adfywio'r ardal. Arweiniodd ymwybyddiaeth o'r bygythiad amlwg i barhad y Gymraeg at yr ymdrechion i'w diogelu, ac un o'r rhai pwysicaf oedd sefydlu Menter Cwm Gwendraeth yn Ionawr 1991. Roedd y datblygiad hwn yn ganlyniad uniongyrchol i lwyddiant ysgubol Eisteddfod Genedlaethol yr Urdd, Cwm Gwendraeth a gynhaliwyd yng Nghefneithin yn 1989, a hefyd i'r ymdeimlad cryf o Gymreictod a frigodd ymhlith y trigolion lleol yn ystod y tair blynedd o baratoi ar gyfer yr ŵyl. Fe'i hystyriwyd yn ddigwyddiad allweddol yn yr ymdrech i warchod y Gymraeg yn un o gadarnleoedd amlycaf yr iaith yng Nghymru, am fod y ffin ieithyddol yn symud yn raddol tua'r gorllewin, ac am fod y cymunedau hynny yng Nghwm Gwendraeth â thros 80% yn medru'r Gymraeg yn 1991 yn wynebu bygythiad ieithyddol difrifol.

Bwriad sylfaenol Menter Cwm Gwendraeth, ers ei

sefydlu yn 1991, yw sicrhau parhad y Gymraeg yn y fro hon, yn enwedig yn sgil tystiolaeth y Cyfrifiadau diweddar fod y ffin ieithyddol yn symud tua'r gorllewin. Lleolwyd y swyddfa gyntaf mewn caban bach y tu cefn i ysgol gynradd Cross Hands, ac am i'r gweithgareddau a'r staff gynyddu, agorwyd swyddfa fechan arall ar Stad Ddiwydiannol Pont-henri. Symudwyd i swyddfa newydd ym Mhontyberem yn 2002 a heddiw dyma leoliad y brif swyddfa; y siop Cwtsh Glöyn, sy'n gwerthu llyfrau, cryno ddisgiau a chardiau Cymraeg, a nwyddau amrywiol eraill; a'r Caffi Cynnes, sydd ar agor bum niwrnod yr wythnos. Un o weithgareddau dylanwadol y Fenter oedd llunio holiaduron a ddosbarthwyd i nifer o bentrefi'r Cwm rhwng 1997 a 2003. Sefydlwyd fforymau pentrefol i'w hystyried, a phwysleisiwyd mai'r gymuned leol fyddai'n penderfynu ar eu hanghenion a'u blaenoriaethau: mae'r adroddiadau pentrefol a gynhyrchwyd yn cynnwys gwybodaeth werthfawr am y pentrefi amrywiol. Ymatebodd 80% o'r rhai a dderbyniodd holiadur yn Nhrimsaran, a phenderfynwyd mai'r flaenoriaeth oedd sefydlu canolfan i gyfarfod a chynnal gweithgareddau. Llwyddwyd i gael grantiau gan Sportslot, y Loteri Genedlaethol a Chronfa Datblygu Rhanbarthol Ewrop a'r canlyniad fu agor adeilad pwrpasol yn y pentref. Ers ei sefydlu mae'r Fenter wedi rhoi sylw cynyddol i hyrwyddo polisïau datblygu cymunedol. Heddiw, yn ogystal â chynnig nifer helaeth o wasanaethau cyfieithu a golygu yn y Gymraeg, mae Menter Cwm Gwendraeth yn darparu ac yn hyrwyddo nifer o wasanaethau sy'n ymwneud ag adfywio a datblygu cymunedol; yn trefnu cyrsiau hyfforddi, gweithgareddau i blant a phobl ifanc, a gwasanaethau gofal i oedolion hŷn; ac yn cyfrannu at ddiogelu a gwarchod yr amgylchedd ac adnoddau lleol.

Hon oedd y fenter iaith gyntaf i'w sefydlu yng Nghymru a phrawf o'i llwyddiant oedd sefydlu mentrau iaith ledled y wlad. Sylweddolodd cymunedau eraill y bygythiad i'r Gymraeg yn eu hardaloedd, a phwysigrwydd trosglwyddo'r iaith i'r genhedlaeth nesaf fel y ceisiwyd gwneud yng Nghwm Gwendraeth Fawr. Erbyn heddiw estynnwyd cylch gwaith Menter Cwm Gwendraeth i gynnwys Llanelli ac mae'r datblygiad hwn yn tanlinellu'r cysylltiad hanesyddol a glymodd ynghyd ddyffrynnoedd y Gwendraeth a Llanelli dros y canrifoedd, ac yn sicr ers iddynt fod yn perthyn i gymydau Is Cennen, Carnwyllion a Chydweli yn yr Oesoedd Canol.

## Llyfryddiaeth

Byrfoddau:

BB  *Balchder Bro*, cyhoeddwyd gan Bwyllgor Llên Eisteddfod Cwm Gwendraeth (1989).

CA  *The Carmarthenshire Antiquary*, Trafodion Cymdeithas Hanes Sir Gaerfyrddin.

CG  *Cwm Gwendraeth*, Cyfres y Cymoedd, (gol.) Hywel Teifi Edwards (2000).

ap Huw, *Hanes Dyffryn Gwendraeth* (1873).

*Balchder Bro*, cyhoeddwyd gan Bwyllgor Llên Eisteddfod Cwm Gwendraeth (1989).

Bevan, Alun Wyn, *Straeon o'r Strade* (2004); (gol.), *Grav: yn ei eiriau ei hun* (2008).

Bevan, Hugh, *Morwr Cefn Gwlad* (1971).

Beynon, Islwyn, 'Y Ddwy Wendraeth', *Seren Cymru* (5 Mehefin 1964) a *BB* (1989).

Beynon, Tom, *Cwmsêl a Chefn Sidan* (1946); *Allt Cunedda, Llechdwnni a Mwdlwscwm* (1955).

Bowen, David, *Hanes Llanelli* (1856).

Charles, Gareth, 'Blas Ar Chwarae', *BB* (1989).

Cyfle i bawb, *Y Tymbl Ddoe a Heddiw* (2003).

*Cymoedd y Gwendraeth Valleys* [casglwyd gan Gyngor Sir Caerfyrddin, trwy Wasanaethau Diwylliannol yr Adran Datblygu Economaidd a Hamdden] (1997).

Davies, Aneurin Talfan, *Crwydro Sir Gâr* (1955).

Davies, Dan Ifan, 'Addolwyr y Cwm', *BB* (1989).

Davies, Elwyn (gol.), *Rhestr o Enwau Lleoedd* (1967).

Davies, Gareth, 'Bachgen Bach o Golier', *CG* (2000).

Davies, Eirug, 'Y teuluoedd fu'n noddi beirdd yng nghylch y Gwendraeth yn yr Oesoedd Canol', *BB* (1989).

Davies, Ieuan, *Lewis Tymbl* (1989).

Idem, *E. Eurfin Morgan: Tad yn y Ffydd* (1999).

Idem, *Emlyn G. Jenkins: Gwas i Grist* (2004).

Idem, *Trwy Lygaid Tymblwr – a Gweinidog!* (2007).

Idem, *Gwerthfawrogiad o Fywyd a Gwaith Dr Isaac Thomas* (2010).

Idem, *Syr John Meurig Thomas* (2012).

Davies, Keith (gol.), *Cofio Grav* (2008).

Edwards, Huw, *Capeli Llanelli, Our Rich Heritage* (2009).

Edwards, Hywel Teifi, *Arwr Glew Erwau'r Glo: delwedd y glöwr yn llenyddiaeth y Gymraeg, 1850–1950* (1994); *Codi'r Llen* (1998); (gol.), *Cwm Gwendraeth*, Cyfres y Cymoedd (2000).

Edwards, John, *Llanelli: Hanes Tref* (2000).

Egan, David, *Y Gymdeithas Lofaol, Hanes Cymoedd Glofaol De Cymru 1840–1980* (1987).

Elfyn, Gwyn, 'Pesimistiaeth ieuenctid', *BB* (1989); *Mab y Mans* (2012).

Evans, Bernard, *Glaw Tyfiant* (1990); *Y Meini'n Siarad* (1992).

Evans, Gwilym, *Erwau Glas* (1975); *Capel Seion Drefach, Llanelli* (1981).

Evans, Hazel Charles, 'Sylwadau', *BB* (1989).

Evans, Stephen, 'Hanes Pontyberem', *Detholiadau Eisteddfod Llanelli, 1856* (1857).

Gealy, Walford, 'O fewn cof – fwy neu lai', *CG* (2000).

George, Eifion, *Eglwys Annibynnol Y Tabernacl, Cefneithin, 1876–1976* (1977).

Gerallt Gymro, *Hanes y Daith Trwy Gymru, Disgrifiad o Gymru*, cyf. Thomas Jones (1938).

Gibbard, Noel, *Hanes Plwyf Llan-non* (1984); 'Yn llefaru eto', *BB* (1989).

Gwyn, William, *Cyfrinachau'r Cwm, cip y tu ôl i bentref enwocaf Cymru* (2004).

Gwynfryn, Hywel, *Ryan a Ronnie* (2013).

Hughes, Donald, 'Eisteddfodau'r Cwm – golwg bersonol', *BB* (1989).

Ifans, Glyn, 'Nid nepell o'r ddwy Wendraeth', *BB* (1989).

Jenkins, Elwyn, *Pwll, Pêl a Phulpud* (2008).

Jenkins, John (gol.), *Carwyn, Un o 'Fois y Pentre'* (1983).

John, Arwel, *Dyddiau Dathlu, Canmlwyddiant Clwb Rygbi Pontyberem a Golwg ar y Pentre* (1995).

John, Barry, 'Cofio Carwyn', *Barn* (Chwefror 1983) a *BB* (1989).

Jones, Lyn a Gravell, Ray, *Grav* (1986).

Jones, Lyn T., 'Neuadd y Cross', *CG* (2000).

Jones, Silas T., 'Atgofion am y Parch. R. J. Jones', *Porfeydd* (1974) a *BB* (1989).

Kelly, Ifor, 'Cwm y Glo Carreg', *BB* (1989).

Lewis, Nan, 'Drama'r Cwm', *CG* (2000).

Loader, Maurice (gol.), *Capel Als, 1780–1980* (1980).

Matthews, Ioan, 'Yr Iaith Gymraeg yn y Maes Glo Carreg, *c.*1870–1914' yn (gol.) Geraint H. Jenkins, *Iaith Carreg fy Aelwyd, Iaith a Chymuned yn y Bedwaredd Ganrif ar Bymtheg* (1998).

McBryde, Robin a Davies, Lynn, *Y Cymro Cryfa* (2006).

Menter Cwm Gwendraeth, *Strategaeth* (1991).

Morgan, D. Eirwyn, 'Y Pentre: Pen-y-groes', *Seren Cymru* (16 Hydref 1970) a *BB* (1989).

Morris, J., *Hanes Methodistiaeth Sir Gaerfyrddin* (1911).

Owen, D. Huw, *Bethel, Eglwys Mewn Pentref Glofaol, 1907–82* (1982); *Cwm Gwendraeth a Llanelli* (1989); 'Yr Hen a'r Newydd', *BB* (1989); 'Pobl y Cwm', *CG* (2000); *Capeli Cymru* (2005).

Owen, Hywel Befan, 'Tystiolaeth Cyfrifiad 1891 ym mhlwyf Llan-non', *CG* (2000).

Owen, Morlais Dyfnallt, *Capel Bethesda'r Tymbl, 1905–2005* (2005).

Owens, Nigel, *Hanner Amser* (2008).

Parri, Harri, *Tom Nefyn: portread* (1999).

Peel, Dwayne a Davies, Lynn, *Dwayne Peel – hunangofiant* (2012).

Pierce, Gareth, 'Addysg rhwng tir du a thir glas', *BB* (1989).

Pryce, T. D. Gwynallt, *Tabor, Cross Hands, 1872–1972* (1972).

Rees, W. M., *Sefyll yn y Bwlch* (2013).

Rhys, Ann Gruffydd, *Cwm Gwendraeth a Llanelli* (2000).

Rhys, Robert, *Cloi'r Clwydi, Hanes y frwydr i atal boddi Cwm Gwendraeth Fach, 1960–1965* (1983); 'Beirdd y Mercury', *BB* (1989); 'Bernard Evans, Mapiwr Cynefin', *CG* (2000).

Roberts, Dilwyn, 'Byd natur cymoedd Gwendraeth', *BB* (1989).

Roberts, Gomer M., *Methodistiaeth fy Mro* (1938); *Hanes Plwyf Llandybïe* (1939); *Bywyd a Gwaith Peter Williams* (1943).

Thomas, D., *Hanes Pontyates a'r Cylch* (1921).

Thomas, Dewi W., 'Pontyberem, Cymdeithas Gymraeg ei hiaith', *BB* (1989).

Thomas, W. T., 'Hiwmor y glowyr', *BB* (1989).

Treharne, K. C., *Glofeydd Cwm Gwendraeth* (1995).

Treharne, Stella, 'R. R.', *BB* (1989).

[Watkin, Auriol], 'Sgwrs gan Auriol Watkin', *BB* (1989).

Williams, David a Thomas, Beryl, *Helyntion Beca* (1974).

Williams, Buddug, *Merch o'r Cwm* (2008).

Williams, Cyril G., 'Pont-iets', *BB* (1989).

Williams, D. E., 'John Rhys Daniels', *Y Genhinen* (Gaeaf 1973–4) a *BB* (1989).

Williams, Donald, *Hanes Crefydd Foreol yng Nghwm Gwendraeth* (2011).

## Cyfnodolion

*The Carmarthenshire Antiquary, Trafodion Cymdeithas Hynafiaethau Sir Gaerfyrddin.*

*Gwendraeth, Trafodion Cymdeithas Hanes Cwm Gwendraeth*, 1978-.

*Papur y Cwm*, 1981–.

## Traethawd heb ei gyhoeddi

Owen, Hywel Befan, 'Effaith dad-ddiwydiannu ar yr iaith Gymraeg yng Nghwm Gwendraeth', Traethawd PhD Prifysgol Cymru (2005).

## DVD

Great Mountain Media: *Yng Nghysgod y Pyramidiau Du*, Disg 1 a 2 (2011).

Maen Hir, Bryn Maen, Llan-non /
*Standing stone, Bryn Maen, Llan-non*

Castell Cydweli /
*Kidwelly Castle*

Eglwys y Santes Non, Llan-non /
*St Non Church, Llan-non*

Eglwys Sant Cyndeyrn,
Llangyndeyrn /
*St Cyndeyrn Church,
Llangyndeyrn*

Eglwys y Santes Fair,
Cydweli / *St Mary's
Church, Kidwelly*

Capel Seion, Dre-fach

Bethania, y Tymbl Uchaf / *Tumble*

Capel y Drindod (Bethel gynt / *formerly Bethel*), Cross Hands

Y Deml Apostolaidd /
*Apostolic Church*,
Pen-y-groes

Eglwys Gynulleidfaol
Pentecostalaidd
Elim, y Tymbl /
*Elim Pentecostal
Congregational Church,
Tumble*

Neuadd Efengylaidd
Annibynnol Bryn
Seion, Cross Hands /
*Bryn Seion Independent
Evangelical Hall*

Rheilffordd Sir Gaerfyrddin, pont a phlac, Pum Heol 1803 / *Carmarthenshire Railway, bridge and plaque, Five Roads 1803*

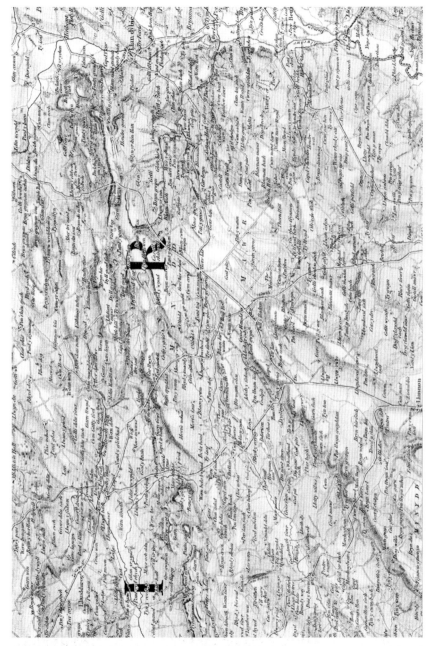

Map yr Arolwg Ordnans, Hen Gyfres 1830–1 / *Ordnance Survey map, Old Series 1830–1*

Plac Cyfarfod Terfysg Beca, Mynydd Sylen / *Rebecca Riots Meeting Plaque, Mynydd Sylen*

Plac Coffa Trychineb Glofa Pontyberem, 1852 / *Pontyberem Colliery Disaster Memorial Plaque, 1852*

Pontyberem, *c.*1920

Glofeydd ardal Cross Hands *c.*1960 / *Collieries in the Cross Hands area c.1960*

Gatiau, er cof am lowyr Cwm Gwendraeth, y Tymbl Uchaf / *Gates in memory of the Gwendraeth Valley coal miners, Tumble*

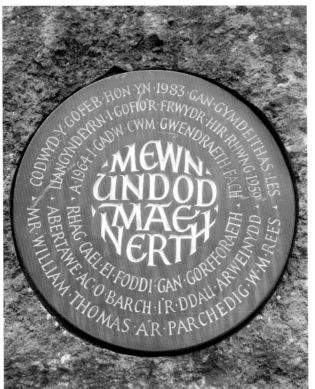

Cofeb Brwydr Llangyndeyrn / *Llangyndeyrn Battle, memorial plaque,* Llangyndeyrn

Tumble Hotel

New Inn,
Pontyberem

Clwb y
Gweithwyr, y
Tymbl / *The
Working Men's
Club, Tumble*

Cross Hands Hotel

Neuadd Goffa Pontyberem / *Pontyberem Memorial Hall*

Neuadd Gyhoeddus y Tymbl / *Tumble Public Hall*

Neuadd Gyhoeddus Cross Hands / *Cross Hands Public Hall*

Seindorf Arian Crwbin a ffurfiwyd yn 1896 / *Crwbin Silver Band formed in 1896*

Cwmni Drama y Tymbl, 1926 / *Tumble Dramatic Company, 1926*

Cwmni Drama Bethel, Cross Hands, 1939 / *Bethel, Cross Hands Dramatic Company, 1939*

Cylchfan Cross Hands a ffordd yr A48 / *Cross Hands Roundabout and the A48 road*

Arwydd Parc Bwyd a Busnes Cross Hands / *Business and Food Park sign, Cross Hands*

Castell Howell, Cross Hands

Gravells, Cydweli

Ysgol Maes y Gwendraeth, Cefneithin / *Maes y Gwendraeth School, Cefneithin*

Swyddfa Menter Cwm Gwendraeth, siop Cwtsh Glöyn a Caffi Cynnes / *Menter Cwm Gwendraeth office, Cwtsh Glöyn shop and Caffi Cynnes, Pontyberem*

Arwydd Menter Cwm Gwendraeth / *Menter Cwm Gwendraeth sign*

# A History of the Gwendraeth Valleys and Llanelli

# Preface

PART OF THE background to the publication of this volume was the preparation, over half a century ago, of a dissertation on the history of the Mynydd Mawr area, near the source of the Gwendraeth Fawr and Gwendraeth Fach rivers, for an undergraduate course on Welsh History at University College of Wales, Aberystwyth. I was encouraged to publish the dissertation by my lecturer Gwyn A. Williams, and the proposal was enthusiastically received by Fred J. Morgan, the history teacher at Gwendraeth Grammar School, whose positive influence I had felt as a pupil at the school. He had recently been appointed editor of the *Carmarthenshire Local History Magazine* (subsequently re-named *The Carmarthenshire Historian*) and was gathering material for the first issue. Some years later I was a member of Llanelli Library's Local History Research Group, which was responsible for the publication of several volumes on community history with the financial backing of Llanelli Borough Council. One of those volumes was my *Cwm Gwendraeth a Llanelli / The Gwendraeth Valley and Llanelli*, published when the Urdd National Eisteddfod was held at Cefneithin in 1989. Every copy was sold and a number of requests have been received over the years for the volume to be republished.

Given the many valuable works on the history of this area published since 1989 (listed in the Bibliography), I decided to produce a new version. It was considered appropriate to do so in 2014 when the Carmarthenshire

National Eisteddfod would be held at Llanelli, particularly in view of the motivation for publishing the previous volume in 1989, and the contributions on various historical aspects contained in the volume *Cwm Gwendraeth* (Cyfres y Cymoedd, ed. Hywel Teifi Edwards), published when the National Eisteddfod was held at Llanelli in 2000.

The abundance of recent publications is at variance with past neglect of the area. Kidwelly castle has attracted justifiable attention over the years, and this volume refers to Gerald of Wales's description of the locality following his tour of Wales in 1188. The Gwendraeth Fawr valley played a significant role in the history of the South Wales Coalfield, yet its major villages do not feature in the standard and authoritative historical works, such as Kenneth O. Morgan's *Wales in British Politics, 1868–1922* (1991) and John Davies's *The History of Wales* (2007).

This should not surprise us given the comparatively limited number of references to them in the indexes prepared for *The Carmarthenshire Antiquary* in the period 1905–77; eight issues of the journal referred to Pontyberem, five to Pont-iets, four to Pont-henri, two to Tumble, and none to Cross Hands; and then for the period 1978–87, four issues referred to Pontyberem, three to Tumble and one to Cross Hands. There has been a significant increase in recent years, and a series of studies by M. R. Connop Price on the collieries of Pen-y-groes, Cross Hands and Tumble was published in the issues for 2011, 2012 and 2013.

The lack of recognition for the area is also reflected in a number of publications aimed at visitors to the county. For example, in a current publication, the summer 2014 issue of *Y Wawr*, the two valleys are completely overlooked, apart from one brief reference to Kidwelly castle, while highlighting the attractions and places of interest to visit in the county during the National Eisteddfod to be held at Llanelli.

The name Llanelli in this volume's title refers to the town's close ties with the Gwendraeth valleys, particularly with regard to its position as a market town and major port for exporting coal produced by Gwendraeth Fawr collieries. The place-names used are those presented in *A Gazetteer of Welsh Place-names* (ed. Elwyn Davies, 1967), and also in *Welsh Administrative and Territorial Units* (ed. Melville Richards, 1969), e.g. the form 'Carnwyllion' is used instead of the 'Carnwallon' which appears in some publications.

Use has been made of articles in the county historical journals: *Transactions of the Carmarthenshire Antiquarian Society* and *The Carmarthenshire Local History Magazine / The Carmarthenshire Historian*. Also, various contributions in the local Welsh-language paper, *Papur y Cwm*, published since 1981, which include reports on the meetings and activities of the Gwendraeth Valley Historical Society, established on 12 April 1978. The Society's journal, *Gwendraeth*, is also referenced in the Bibliography.

I wish to acknowledge the valuable support provided by the staff of several institutions, including the National Library of Wales, the Carmarthenshire Archives Service, the Carmarthenshire Library (Llanelli, Cross Hands, Carmarthen and Ammanford), Ceredigion Library (Aberystwyth), Cardiff City Library and the Royal Commission on the Ancient and Historical Monuments of Wales.

I wish to thank Carmarthenshire Archive Services for

granting permission to publish the reproduction of the photographs which appear on the front cover and in the picture section of the book; Menter Cwm Gwendraeth Elli for permission to include a map of the area that appeared in *Menter Cwm Gwendraeth Strategy* (September 1991); Linda Williams for arranging the inclusion of the photograph of Gravells Garage , Kidwelly and to David Gravell for permission to publish this photograph. The other photographs in the picture section were taken by myself.

I have received the willing co-operation of staff at Y Lolfa, and I am pleased to record my appreciation to Elin Angharad for her careful and diligent editing, to Lefi Gruffudd for his valuable guidance and advice, to Garmon Gruffudd for his support and to Alan Thomas for his design work.

I would also like to thank a number of relatives and friends, including several who are resident today in the Gwendraeth valleys, for their constructive comments. I especially wish to note the collaboration with Adrian Morgan regarding the production of *Yng Nghysgod y Pyramidiau Du* (2011) DVD. It is intended to produce an English-language version on the history of the Cross Hands area in due course. I also appreciated the infomation provided by Ieuan Rees a friend from the period when we were pupils at the Gwendraeth Grammar School on the background of the memorials at Tumble, Pontyberem and Llangyndeyrn, illustrated in the volume and which have been designed and produced by him.

My greatest thanks are to my wife Mary and son Hywel for their constant support. They accompanied me on visits to a number of locations discussed in this volume, and both contributed in different ways to the final compilation of the text. It is with the greatest pleasure that I present this volume to them.

D. Huw Owen
3 July 2014

# A History of the Gwendraeth Valleys and Llanelli

THE VALLEYS OF the Gwendraeth Fawr and Gwendraeth Fach rivers in Carmarthenshire extend from the upland region in the vicinity of Llyn Llech Owen, near the villages of Gors-las and Maes-y-bont, to the coastal area south of Kidwelly where the two rivers enter Carmarthen Bay. Today both locations, situated at the geographical extremities of the area and whose origins are separated by many centuries, attract large number of visitors: tourists to Kidwelly Castle, first built by the Normans in the early 12th century on a site overlooking the Gwendraeth Fach river and reinforced over the following two centuries; and customers and commercial enterprises to the Cross Hands Business Park, established in the upper Gwendraeth Fawr valley during the final quarter of the 20th century. Close links were forged between both valleys and the locality which later developed into the port and town of Llanelli.

Both valleys are geographically situated between the river Tywi to the north and west, the river Llwchwr and its tributary the Morlais, to the east and Carmarthen Bay to the south; and also between the towns of Llandeilo to the north, Carmarthen to the west and Llanelli to the south, with the city of Swansea to the east. It largely comprises high ground, mostly over 122m above sea level, rising in places, such as Mynydd Sylen, to over 274m. There are two upland ranges: Mynydd Mawr, in the northern area near the source of the two rivers, the Gwendraeth Fawr and Gwendraeth Fach and Mynydd Llangyndeyrn, which forms part of the watershed between the rivers. These belong geologically to the belt of limestone and millstone grit extending across south Wales. The Gwendraeth Fach valley contains fertile agricultural land, and its quality was emphasised during the successful campaign waged against the attempts of the West Glamorgan authorities to construct a reservoir in the valley and thereby drown the village of Llangyndeyrn. Similarly, the rich coal seams under the Gwendraeth Fawr valley resulted in this locality forming the western section of the South Wales coalfield, and in the establishment of a series of coal-mining villages extending along the valley from Trimsaran to Gors-las, with the villages of Pen-y-groes to the north of the upper part of the valley.

The imaginary village of Cwmderi is thought to be based on one of these distinctive communities, with the television series *Pobol y Cwm* attracting large numbers of viewers. Prior to airing the first programme in 1974 the village was described as being not unlike some of the coal-mining villages of the Gwendraeth Valley and T. James Jones, an editor in the scripting department of BBC Wales between 1982 and 1994, suggested that the village was located between Cross Hands and Tumble. The huge interest in various sporting activities has also been widely commented upon, with the area described as 'the fly-half factory of Wales' due to the exploits of a succession of rugby players in this position, including

Carwyn James, Barry John, Gareth Davies and Jonathan Davies.

The biographies and autobiographies of local individuals, including internationally-renowned sportsmen, provide valuable information on the area's social and economic background. In his 2009 autobiography *Half Time* Nigel Owens, considered to be one of the best referees in world rugby, stated that 'As a child I always wanted to be a farmer' and recounted several enjoyable events experienced on a family smallholding and neighbouring farm at Mynydd Cerrig, near Dre-fach. Barry John, in *The King* (2000), recounted memories of his father rising at 4.30 a.m. in order to catch the bus to work at the Great Mountain Colliery, Tumble and also referred to pit accidents and the damaging effects of coal-dust inhalation.

The Rev. J. Elwyn Jenkins had also been a prominent rugby player, having played for Llanelli and Swansea, and in his autobiography *Pwll, Pêl a Phulpud* (2008) he recalled conditions underground in the Great Mountain Colliery: the unpleasant odours, the water pooling underfoot and seeing the posts skilfully hewn to support the roof. Also the nightmares experienced in his early days as a miner, where he saw his bedroom ceiling falling on his head, and his family having to wake him on one particular night as he was standing on his bed, covered in sweat, struggling to hold up the ceiling.

The extensive influence of the coal industry was also highlighted by two other ministers raised in this locality. The Rev. Ieuan Davies referred in his autobiography, *Trwy Lygaid Tymblwr – a Gweinidog!* (2007), to the injuries suffered by his grandfather, John Hughes, a native of Llanbryn-mair, when he lost an arm in an underground explosion at Tumble's Great Mountain Colliery. Later, when suffering acutely from silicosis, he was helped to carry out his strong desire to visit his native Montgomeryshire before drawing his final breath. The Rev. Gareth Davies had also worked in a local coal mine, Blaenhirwaun, and the significance of local collieries was stressed in his autobiographical contribution 'Bachgen bach o golier' in *Cwm Gwendraeth*, (Cyfres y Cymoedd, 2000) He explained that clocks and watches were unnecessary in a coalmining district as people could tell the time from the hooters announcing the start of the three daily shifts – morning, afternoon and night – and the end of each shift. The hooters also alerted locals to major accidents at the pit.

The area comprising the two valleys does not correlate to any local government units, past and present. Various localities were periodically attached to the medieval commotes of Cydweli, Carnwyllion and Is Cennen, and the shire of Carmarthen and lordship of Kidwelly; to modern Carmarthenshire and Dyfed; to Llanelli Borough Council and Carmarthen District Council; and to the parliamentary constituencies of Carmarthen and Llanelli. The pre-Norman kingdom of Deheubarth was divided into *cantrefi* namely Cantref Mawr and Cantref Bychan. Is Cennen, one of the three commotes of Cantref Bychan, included land along the south bank of the Tywi, and comprised the parishes of Llanddarog, Llanarthne, Llanfihangel Aberbythych, Llandybïe and Betws. The area extending between the estuaries of the Tywi and Llwchwr rivers formed the commotes of Cydweli, comprising the parishes of Llangynnwr, Llandyfaelog, Llangyndeyrn, St Ishmael, Cydweli and Pen-bre; and the commote of Carnwyllion the parishes of Llanedi, Llanelli,

Llangennech and Llan-non. The Gwendraeth Fawr and Gwendraeth Fach valleys, together with the territory on their fringes, were located within the three commotes of Cydweli, Carnwyllion and Is Cennen.

There seems to have been a significant amount of human activity in this locality in the prehistoric period, and the interpretation of surviving physical remains by archaeologists has enhanced our knowledge of early activities and social arrangements. Objects belonging to the Neolithic Age have been found near Mynydd Cerrig and Mynydd Llangyndeyrn, with the latter seeming to be a centre for burial rituals from the Neolithic period (c.3,000 BC) to the Late Bronze Age (c.1,000 BC). The megalithic burial tombs of 'Bwrdd Arthur' and 'Gwal y Filiast' date from the Neolithic period, and the large 3m standing stone and cluster of ring-cairns from the Early Bronze Age (2,000 BC). Another important centre in this period was Allt Cunedda, north of Kidwelly, Carmel and Llan-non, and the standing stone on Bryn Maen farm, near Llan-non, measuring 4.6m is the tallest standing stone in Carmarthenshire. Also in Llan-non, at Cors-y-dre, a beaker measuring 20.3cm high and 14cm thick was found. The enclosure at Garn Ganol, Crwbin probably housed families in the succeeding Iron Age, an enclosure from this period occupied part of the summit of the hill of Allt Cunedda, and it has been suggested that Llangyndeyrn church was built on the site of an Iron Age hill fort.

There is limited information available from the Roman period, but the road between the military fort of Loughor (Leucarum), probably established in the period 74–76 AD, and the military, urban and administrative centre of Carmarthen (Moridunum) passed through the area. It has been suggested that the Llwchwr river was crossed near its estuary, and that the road then proceeded westwards across Mynydd Pen-bre, and in close proximity to the later settlements of Trimsaran, Kidwelly, Llandyfaelog and Cwm-ffrwd. It is also possible that the earliest Christians in this area were Roman soldiers.

A lack of specific evidence prevents a more definitive knowledge of the course of this Roman road, and of the earliest efforts to establish the Christian faith. The names of local churches reflect the influence, and possibly the activities of prominent individuals associated with 'The Age of the Saints'. Llan-non church represents one of the places of worship dedicated to Non, the mother of St David, the patron saint of Wales, and the dedication of Llangyndeyrn church commemorates the saint known in England as St Kentigern and in Scotland as Mungo, the patron saint of Glasgow. Cyndeyrn is considered to have been the founder of the cathedral church of St Asaph in north-east Wales, and a local tradition links the discovery in 1876 of 476 male skeletons under Llangyndeyrn church to a monastery apparently founded by Cyndeyrn, and whose monks had died of the yellow plague in the 6th century.

The church of Cydweli seems to have been dedicated originally to St Cadog, the founder of the important monastery of Llancarfan Fawr in the Vale of Glamorgan, and was probably regarded as the mother church of the commote which bears the same name. It has been claimed that his disciple was Elli, the saint to whom Llanelli church was consecrated, whilst another tradition associated him with Brychan Brycheiniog, the Dark Age ruler. Wells attracting pilgrims in the Middle Ages may also have been related to Celtic saints; e.g. Ffynnon Fair (Mary's Well), probably dedicated originally to a Celtic saint and then rededicated after the Norman Conquest and Ffynnon Sul ('Sawyl's Well' or 'Solomon's Well'), whose name referred either to Sawyl Benisel, a Welsh ruler, or to Selyf or Solomon, an early Welsh saint.

The evidence to support these traditions is vague and uncertain, but there is no doubt about the continued use of these sites as consecrated Christian sites over an extensive period, covering many centuries. Capel Erbach, probably built in the late 13th century, and Capel Begewdin, both in the Gwendraeth Fach valley, are examples of ruined medieval well chapels.

The survival of place-names also provides an indication of social organisation in the pre-Norman era, with the commotes of Is Cennen, Carnwyllion and Cydweli forming the basic units of local government. An early form of the place-name Kidwelly, 'Cetgueli' appeared in the 9th century *Historia Brittonum*, traditionally attributed to Nennius. The same work provided the basis for the legend of the migration to Wales from southern Scotland of Cunedda and his eight sons, their expulsion of the Irish from several parts of Wales and their foundation of several dynasties, including those of Gwynedd and Ceredigion. An intriguing local association with this account is Allt Cunedda, the name of the hill on the north-east side of Kidwelly.

In contrast to the lack of concrete evidence relating to developments in this area in early times, Kidwelly castle, standing on a steep hill overlooking the Gwendraeth Fach river, represents the survival of an impressive physical construction of the medieval period. Norman control was exerted over an extensive area of south-west Wales in the closing decade of the 11th century, and then reasserted following military reverses, with the establishment of Carmarthen as the centre of royal power. The former Welsh commotes of Cydweli and Carnwyllion were in 1106 granted to a trusted cleric, Bishop Roger of Salisbury, who was successively chief justiciar, treasurer and chancellor of England, and renowned for his achievements in erecting the new castles of Malmesbury and Sherborne. However, the original Kidwelly castle seems to have been a simple ringwork construction, probably of earth and timber, with the defences following the line of the present-day outer defences of the castle. In the shadow of the castle walls a borough was established with the inhabitants, of English, French and Flemish origin, attracted to settle there by advantageous and privileged terms.

Further actions to consolidate Norman power were the rededication of the church of Cadog to St Mary the Virgin, and the grant of land, c.1110, by Roger of Salisbury to his favoured Benedictine abbey of Sherborne to establish a daughter house at Kidwelly. The privileges granted to the priory were extended by the lords of Kidwelly in the 12th century. The majority of the monks came from Sherborne Abbey and the abbey also had its own small borough. The castle, boroughs and abbey developed into the foreignry or Englishry of the lordship, whilst the castle, small borough and immediate vicinity of Llanelli formed the Englishry of the adjoining commote of Carnwyllion.

Their association with the foreign lords and the ethnic composition of occupants, burgesses and monks, aroused the hostility of inhabitants of the surrounding areas and they were regularly attacked by Welsh forces. Gwenllian, daughter of Gruffudd ap Cynan, ruler of Gwynedd and wife of Gruffudd ap Rhys, ruler of Deheubarth, was defeated and slain in 1136 by Maurice de Londres, Bishop Roger's successor, on the site which continues to be known as Maes Gwenllian. Baldwin, the Archbishop of Canterbury, and Gerald of Wales, stayed overnight at the castle in 1188, and in his account of the area Gerald referred to 'a forest which was well stocked with game and especially with deer' and to 'broad pasture-lands [where] he [Maurice] grazed a great flock of sheep'. Gwenllian's son, Rhys ap Gruffudd (Lord Rhys) of Dinefwr, and his descendants from time to time captured the castle and its possession was later gained by Llywelyn ap Iorwerth (Llywelyn the Great), ruler of Gwynedd in 1215 and again in 1231. In 1220, he ordered Rhys Gryg, a son of Lord Rhys, to restore Kidwelly to Hawise de Londres, the de Londres heiress, and she again repossessed Kidwelly in 1243 with her husband, Patrick de Chaworth. Their son, Pain de Chaworth, embarked upon a major programme of reconstruction at the castle, and this work was taken forward in the late 13th century and early 14th century by his brother Patrick and Patrick's son-in-law, Henry of Lancaster.

The control of Is Cennen was also fiercely contested during the 13th century, with the possession of the descendants of Lord Rhys, occasionally supported by the rulers of Gwynedd, challenged by royal forces based in Carmarthen, and by neighbouring Marcher lords. It was granted to Henry of Lancaster in 1340 and was absorbed, in the same way as Kidwelly and Carnwyllion, into the Duchy of Lancaster lands in south Wales and administered from Kidwelly castle. In the early 15th century Henry Dwn, steward of Kidwelly castle and a prominent local figure, was a leader of the Glyndŵr revolt, although Owain Glyndŵr failed to capture the castle in 1403 despite a three-week siege and the walls being breached. Owain, the son of Gruffudd ap Niclas of Dinefwr, sheriff of Carmarthenshire and Deputy Justiciar and Chamberlain of South Wales, c.1437–56, was named by the poet Lewys Glyn Cothi as the governor of the castle in the 15th century, and in the same century, another two poets, Ieuan Deulwyn and Ieuan Tew Ieuanc, lived in its vicinity. The castle was later held by Sir Rhys ap Thomas, Dinefwr, a dominant figure in south-west Wales after the battle of Bosworth 1485, when he was knighted, and later came into the possession of the Cawdor family of Golden Grove.

The borough charter of 1444 referred to the damage caused to the old borough which was 'waste and desolate' as a result of the burgesses having suffered 'no small losses and burnings of their houses and divers oppressions which the Welshmen of their malice' had inflicted. Its decline in the following century was confirmed by John Leland, c.1536–9 who described the old town as 'near all desolated'. However the new town near the priory had become increasingly prosperous, with key factors in its prosperity being its location on the main route to south-west Wales, and its role in the period preceding the Acts of Union, 1536–43 as the centre of the Lancaster lordships in south-west Wales. This legislation ensured the incorporation of Kidwelly, Carnwyllion and Is Cennen into the shire of Carmarthen. The detailed survey of the Duchy of Lancaster lordships in Wales, 1609–13, provides valuable information on population and conditions in the early 17th century. The long lists of local inhabitants include the burgesses of Kidwelly and

Llanelli, the freeholders of the foreignry and Welshry of Kidwelly, with the latter listed by parish, as also were the freeholders of the Welshry of Carnwyllion.

Trade in the area was increasingly concentrated at Kidwelly which, despite retaining its full status as a borough, with two weekly markets and three annual fairs, was in a depressed state, partly as a result of the silting of the port. The total fee-farm rent had been cut by nearly 50% from £26. 13s. 4d to £13. 7s. 4d. A weekly market and annual fair were held at Llanelli but the entire revenue of the town was farmed for the small sum of £10. 11s. 4d. Unfree copyholders held lands at St Ishmael in the Englishry of Kidwelly, but in the Welshries freemen living on small farmsteads enjoyed extensive rights of common and were subject to various community dues including military service and attendance at the courts of the commote.

The Kidwelly priory church was rebuilt early in the 14th century and the tower and spire were completed by 1481. The priory itself had only a small number of occupants throughout its history, normally comprising the prior and one or two monks, and was dissolved in 1539. However, the priory church henceforth continued as the parish church of the borough of Kidwelly. St Mary's church has been described as the 'best medieval church of the county' and one of the most exceptional churches in south Wales. The other medieval churches in the region include St Elli, Llanelli, whose tower dates from the 12th century and chancel from the 15th century; St Non's church, Llan-non; St Maelog's church, Llandyfaelog; and St Cyndeyrn's church, Llangyndeyrn. The other medieval ecclesiastical buildings included chapels of ease such as Capel Teilo, Kidwelly; Capel Dyddgen, Llangyndeyrn;

and Capel Ifan, Pontyberem; at the latter a Gothic church was added in 1834.

Various repairs to St Mary's church, Kidwelly were undertaken in the 17th and 18th centuries, as well as a major restoration programme in 1885–9. The church at Llan-non was remodelled by Edward Haycock in 1839–41 Llandyfaelog church was repaired in the 19th century with additions by R. K. Penson in 1866–9; and Llangyndeyrn church was restored by J. P. St Aubyn in 1879–88. The Anglican church responded to the population growth resulting from the industrial development of the Gwendraeth Fawr valley by building churches in the rapidly-growing coal-mining village. William Griffiths of Llanelli designed some of these new churches, including the church of St John the Baptist, Pontyberem, erected in 1893–4; St Mary's church, Pont-iets erected in 1911; and St David's Tumble, built by miners during the General Strike of 1926. The same architect also designed two chapels in Tumble: Bethel (1904) for the Baptists and Bethesda (1905) for the Independents.

It is evident that the Nonconformists also sought to cater for the spiritual needs of the inhabitants of the Gwendraeth valleys, and the origins of their churches can be traced back to the 17th century. Gelli-ciw and Allt-fawr were early Baptist centres in the parish of Llan-non, and local inhabitants were among the early members of the church of Ilston, Gower, established in 1649 (23 from Llanelli and 14 from Llan-non) and the church at Felin-foel, founded in 1709. Bethel, Llangyndeyrn was founded c.1797 by members of the Felin-foel church and Penuel church, Carmarthen, and the latter was responsible for founding Bethlehem, Porth-y-rhyd in 1817.

Stephen Hughes, 'the Apostle of Carmarthenshire',

regularly travelled through the area from his home in Swansea to the centre of his ministerial activities in west Carmarthenshire. One of the ministers ordained by him was David Penry, Plas Llanedi, who was responsible for the Independents of the eastern areas of the county for 40 years until his death in 1729. The parish of Llan-non was described in 1705 as being 'Thick with Dissenters'. Capel Seion, Dre-fach was erected in 1712 on land granted by Philip Lloyd, Heol-ddu, Foelgastell, and within two years nine members of the church at Pant-teg had been released to form a church there under the supervision of William Evans, principal of the Presbyterian College, Carmarthen. The minister of Capel Seion between 1720 and 1752 was the Rev. Samuel Jones, Pen-twyn, near Llwyn-teg in the parish of Llan-non (not the chapel of the same name mentioned below). He established an academy at Pen-twyn and one of its students was Richard Price (1723–91), the eminent philosopher who, by means of his writings, was a major influence on the constitution of the United States of America. Following a theological dispute at Capel Seion, several members left the church to establish Bethania, Upper Tumble in 1800. One of Bethania's early leaders was Evan Evans, Cil-carw near Pontyberem, who was also responsible for the foundation of Caersalem chapel, Pontyberem in 1816. Other local Independent churches whose origins may be traced either directly or indirectly to Capel Seion include Nasareth, Pont-iets (1803); Pen-y-groes (1823); Ebeneser, Crwbin (1829); Llwyn-teg (1845); Tabernacl, Cefneithin (1876); and Bethesda, Tumble (1905).

In 1878 the present-day Capel Seion was erected close to the site of the original and a distinctive feature of the chapel, as also of other chapels designed by the

Rev. Thomas Thomas, Landore, one of the most prolific architect-ministers in Wales, was the 'great arch' on the pediment, apparently based on that of San Andrea church in Padua, Italy. He also designed Capel Als, Llanelli which was subsequently remodelled in 1894 by O. Morris Roberts, Porthmadog, and this chapel, especially during the ministry of the Rev. David Rees (1829–69), played a very important role in the development of the town of Llanelli in this period. The first minister of Capel Als, and the person largely responsible for its establishment in 1780, was the Rev. Evan Davies, Llanedi. A plaque on the wall of the present-day Capel Sul, Kidwelly records that he was also a major contributor to the foundation of this Independent church.

The original Capel Sul was built in 1785, enlarged in 1831 and renovated in 1873 and 1905, but was regarded as being too small in the 1920s. In 1924 the church purchased Rumsey House, a three-storey building erected in 1862. This was the former home of Harold Greenwood, the solicitor, accused and subsequently acquitted of the murder of his wife Mabel, who had passed away in June 1919. The architect responsible for its adaptation, with the ground floor used as a school-house and the upper floors as the chapel, was J. Howard Davies, and the other chapels designed by him include Horeb (1936), the Presbyterian church in Mynydd y Garreg. His father, George Morgan, was one of the leading chapel architects of Wales, responsible for three of the country's most elegant Baptist chapels: the English Baptist chapel in Carmarthen, where he was a deacon; Zion, Newtown and Mount Pleasant Swansea. In the Gwendraeth Valleys he designed the Meinciau Baptist chapel (1885–6) and may also have designed the Tabernacl Presbyterian and

Noddfa Baptist chapels in Trimsaran. Siloam, the Baptist chapel in Kidwelly (1892–3) was also designed by George Morgan & Co. In Tumble, the Baptist Bethel (1904) and Independent Bethesda (1905) had been designed as previously noted by William Griffiths, Llanelli.

Howel Harris, one of the more prominent leaders of the Calvinistic Methodists, and founder of the Trefeca community, often visited the area and was persecuted at Llangyndeyrn and Kidwelly. On 30 January 1739, he learned at Llangyndeyrn of those who had been converted whilst listening to sermons preached by Daniel Rowland, the Calvinistic Methodist cleric whose eloquent preaching attracted large congregations to Llangeitho. The early Calvinistic Methodists used redundant Anglican chapels-of-ease. Preaching services were held, and communion administered at Llanlluan, near the source of the two Gwendraeth rivers, where the hymn-writer and author, William Williams, Pantycelyn, and Daniel Rowland regularly led services. Peter Williams, the author and Bible commentator, is reputed to have been married here; he was buried at Llandyfaelog where he had resided. Howel Harris was present at Capel Ifan, near Pontyberem in August 1743 when Howel Davies, 'the Apostle of Pembrokeshire', and Daniel Rowland were responsible for the service; and again in December to listen to a sermon preached by William Williams. Despite the fierce opposition of gentry families such as the Mansels of Muddlescombe; and Gwynns of Gwempa to the Calvinistic Methodists and Independents of Kidwelly, they were granted an old barn by William Brigstocke, Llechdwnni c.1770, and for a while they worshipped together in the meeting house established there. In 1830 Morfa chapel was built for the Calvinistic Methodists of

Kidwelly, and in the same year Capel Ifan was regained by the Anglican Church. Soar chapel was built in 1834 on land belonging to Cil-carw Uchaf where Howel Harris preached in 1742. Salem chapel, Llangyndeyrn, a small and exceptionally well-preserved structure built in 1837, is the only chapel in the Gwendraeth valleys which has been designated by Cadw as a Grade II* listed building.

The first decade of the 20th century constituted a period of increased religious activity and this was illustrated by the building of new chapels. The need for a Calvinistic Methodist chapel in a more central location in Pontyberem was recognised and the present Soar chapel was erected in 1904 and a vestry added in 1907. Ebenezer chapel in Tumble was opened in 1902, a new chapel at Pen-twyn, overlooking Cross Hands in 1903, and Bethel, Cross Hands (the present day Capel y Drindod), in 1907. Most of the founders of Bethel had previously been members of Pen-twyn, and were conscious of the missionary possibilities in a rapidly expanding area. The Revival of 1904–5 had a considerable influence, especially on the Gwendraeth Fawr valley and Llanelli, located a few miles to the west of Evan Roberts's home in Loughor. In 1905, evangelical groups marched from Pen-y-groes through Cross Hands on their way to Tumble and prayer meetings were held at the Cross Hands square and colliery.

A crucial factor in the history of the world-wide Apostolic Church, established at Pen-y-groes in the years after the Revival, was the conversion of Daniel Williams, a coal miner who had been a member of the Independent Pen-y-groes chapel, whilst listening to a sermon preached by Evan Roberts on Christmas Day 1904. The tablet on the outer wall of the Apostolic Temple in the village contains the inscription: 'In memory of the 1904–5 Revival'. An unbroken series of annual conventions, attracting members from numerous foreign countries, was held at Pen-y-groes from 1917 to 2002, before relocating to Swansea in 2003 and to Cheltenham in 2012. A mission hall, Carmel, built in Tumble in 1918 and rebuilt in 1968, was part of the Apostolic movement, and a noteworthy feature of this area is the number of smaller places of worship erected in the early 20th century by various religious groups. Elim, erected in 1925 in Upper Tumble by adherents of the Pentecostal movement was described as a Pentecostal Congregational Church; and Bryn Seion in Bryn Gwili Road, Cross Hands, an independent Evangelical hall, was formed when five members of Bethania chapel, Upper Tumble, fired by the Revival, were expelled from the chapel in 1905. Some members of Bethania were also responsible for founding the Gospel Hall in Cross Hands, which later became associated with the Open Brethren, with one of the leaders, Edward Wilkins serving for four years as a missionary to the Zulu people in South Africa. The support given by Owen Hughes, another prominent member, to one of the leaders of the 1925 strike is discussed below. Very different motives explain the opening in 1929 of Llain-y-delyn, Tumble, which became a Society of Friends meeting house following the expulsion from Ebeneser of the supporters of the minister, the Rev. Tom Nefyn Williams, whose theological views had been disowned by the Presbyterian Church of Wales.

Throughout the centuries the construction of churches, chapels and halls for the purpose of worshipping reflect not only the various spiritual influences experienced over the centuries, but also contemporary social and economic developments which have provided employment possibilities for the existing local population and attracted others to the area. A significant medieval development was cloth production at the two small urban centres in the lordship of Kidwelly, with a substantial number of fulling mills established on the Gwendraeth Fach river near the castle at Kidwelly, the earliest by 1282; fulling mills were also established in Llanelli on the rivers Lliedi and Dulais, and one in the sheep-rearing uplands of Carnwyllion on the river Morlais. They were maintained and operated by administrators of the Duchy of Lancaster and local entrepreneurs, including John Arnold, a burgess of Kidwelly who leased a fulling mill on the Gwendraeth Fach river in 1422, and Hywel ap Ieuan ap Gethin, who constructed a fulling mill in 1423 on the river Morlais on the site now known as Coed-cyw.

A local tradition, as expressed in a poem published in the 20th century (see page 30) refers to the establishment in the 16th century of a furnace to the south of Pont-henri by a Swedish ironmaster. The same poem drew attention to the reopening of the furnace by a Cornishman some 20 years after the death of the Swedish founder: a reference to Hugh Grundy who was responsible for iron production at the furnace in the early 17th century. In 1696 the Pont-henri furnace was leased by Thomas Chetle, whose family hailed from Worcestershire. His son Peter, who had also been involved in the running of the Pont-henri furnace, gained possession of the Kidwelly Forge in 1724. The Forge was built in the middle of the 17th century on land owned by Owen Brigstocke of Llechdwnni, and belonged to Maes Gwenllian farm on the east bank of the Gwendraeth Fach river, a mile and a half north-east of Kidwelly. The Gwendraeth Iron

Works, established at Pontyberem near the Gwendraeth Fawr river, is associated with the development of the neighbouring colliery by Alfred Watneys, who succeeded in modernising the iron-smelting process. The works were closed *c.*1850.

Another significant early industrial development was the establishment in 1737 by Charles Gwynn of a rolling mill 'and other conveniences for a Tin Work' at Bank Broadford, a mile north of Kidwelly and on the east bank of the Gwendraeth Fach river. This is believed to have been the second earliest works of its kind in Britain, after Pontypool. The port of Kidwelly was used for the import of tin from Cornwall, and the export of the completed product. A number of prominent industrialists, including Robert Morgan of Carmarthen, but a native of Kidwelly, were later involved in this venture. In the second half of the 19th century James Chivers and his son Thomas were responsible for a large-scale expansion which increased production and secured an export outlet by means of a rail connection to the ports of Llanelli and Burry Port, and thence, via Liverpool, to the United States of America. The locality, comprising the towns of Llanelli and Kidwelly, has been considered to be responsible for approximately half of the world's tinplate production. Three new works were opened in the Llanelli area in the period 1874–90, and a number of existing works were expanded.

By 1881 the tin plate works represented the main employer in Kidwelly, and Gwendraeth Town, comprising 40 two-storied houses, with gardens, had been built by Thomas Chivers along the road leading to the works. Most of the export trade was with the United States of America and despite the difficulties encountered as a result of the

Mackinley Tariff (1891), with a depression between 1894 and 1898, there was a dramatic expansion early in the 20th century, with 27 new mills opened at Llanelli between 1907 and 1912. Immense difficulties were encountered in the 1920s and by January 1931 7,000 tinplate workers were either entirely or partly unemployed. A number of works were closed during and after the Second World War, including Kidwelly Tin Works, which was permanently closed in 1946. Some remains of the original works are still visable at the site which is occupied today by the Kidwelly Industrial Museum. The museum is operated by the Kidwelly Museum Trust on a partnership basis with Carmarthenshire County Museum Services, and illustrates the traditional handmill methods of tinplate technology.

Several quarries have been established over the years along the elevated ridge of millstone grit and carboniferous limestone which separates the two valleys, extending from Maes-y-bont to Foelgastell, Mynydd Cerrig and Crwbin, as far as Mynydd y Garreg. There was a close connection between the quarries and the coal industry, especially in the early years of this industry, and when considering the various industries that have provided a livelihood for the inhabitants of the Gwendraeth Fawr valley, there is no doubt that it was coal-mining that had the greatest influence on the local community. John Leland, the Royal Antiquary, described as 'the father of English history', travelled throughout the area in the period 1536–9 and produced the earliest recorded description of coal-mining in the valley. He distinguished between the bituminous coal of Llanelli and the anthracite coal of the Gwendraeth Fawr valley: 'At Llanethle, a village of Kidwelly lordship, a vi miles from Kidwelli, the habitants digge coles ... There be ii maner of thes coles ... So that Vendwith Vawr coles be stone coles; Llanethle coles ring colis'. By the end of the century, the 'Port of Bury' was the main harbour in Carmarthenshire for the export of coal. A lease dated 6 June 1601 referred to the grant of mines and every vein of coal at Dynant, in the neighbourhood of Tumble, to Rowland Lloyd, gentry of Gelligatrog, Meinciau. Gerard Bromley, the surveyor of the Extent of the Duchy of Lancaster lordships in Wales, 1609–13, declared that 'there are coales founde wrought and digged in the say'd common called Mynith Mawre, the use whereof the said tenants of the sayd comotte ... have severally and respectively hadd for all the tyme whereof the memory of man ys not to the contrary for necessary ffyre and burning of lyme as parte of their ffreehold and appurtenante to theire sayd severall tenements'.

The early history of the Llanelli coalfield has been recounted by Malcolm Symons in his masterly studies, *Coal mining in the Llanelli area, Vol. 1, 16th Century to 1829* (1979) and *Coal mining in the Llanelli area, Vol. 2, 1830–1871* (2012). In the same period, sporadic efforts led to intensified activity in the Gwendraeth Fawr valley in the late 18th and early 19th centuries. Thomas Kymer had constructed one of the earliest canals in Wales in the period 1766–8 to transport coal from his mines near Carway to the coast near Kidwelly. The 1812 Parliamentary Act which created The Kidwelly and Llanelly Canal and Tramroad Company provided for the extension of the canal eastwards towards Llanelli, and northwards along the valley beyond Cwm-mawr. The collieries connected to this canal were reported to include Trimsaran, Carway, Blaenhirwaun and Llechyfedach. By

1838, this integrated horse-operated system of waterways and tramroads had reached its zenith, with most of the anthracite coal produced being exported from Burry Port. The canal soon had to face competition from the Carmarthenshire Railway and by means of two Acts of Parliament, in 1865 and 1866, the canal companies ceased to exist and became the Burry Port and Gwendraeth Valley Railway. Railway lines were built from Burry Port to Pontyberem by 1869, and to Cwm-mawr by 1886, with a branch line to Kidwelly harbour in 1873.

One of the individuals associated with the movement to extend the canal in 1812 was Alexander Raby, a dominant figure in the industrial development of the Llanelli region in the late 18th and early 19th centuries and who had business interests in England and south Wales. The parliamentary measure passed in June 1802 created the Carmarthenshire Railway and Tramroad Company which has been described as the world's first dock-owning public railway company. The opening of the first section in May 1803 is considered to be the first stretch of public railway in Britain, and by 1805, over 14 miles of the railway had been completed, linking Llanelli with Gors-las, with one return journey of loaded wagons, every day, each weighing three tons and drawn by two horses. Financial difficulties prevented the construction of the remaining section to Castell-y-garreg, a distance of less than two miles, which would have enabled ample supplies of limestone from this area to be transported to Raby's furnaces in Llanelli. The line ceased to operate by 1844, and part of it was later reconstructed in 1881 as the Llanelly and Mynydd Mawr Railway.

In addition to the provision of an adequate communication system, linking the area with the coast for the export of its products, the initiative of enterprising industrialists also stimulated the industrial development of the Gwendraeth Fawr valley. The Watney family was closely associated with the expansion of coal-mining activities in the Pontyberem area. Daniel Watney, who had taken over the Coalbrook colliery, probably in 1838, was the subject of an eulogy by local poet William Thomas, whose bardic name was 'Gwilym Mai' (see pages 34–5). His son Alfred, who had been born at Wandsworth, London and had married a widow, Helen Elizabeth Lewis, the daughter of Alexander Raby at Pontyberem in 1848, resided at Coalbrook House, and was described in the 1851 Census as an 'Iron and coal Master', employing 200 workmen. The family was highly regarded by the local community, and Stephen Evans, in his history of Pontyberem (1856), praised the owners' response to the accident at Coalbrook colliery in 1852 which resulted in the deaths of 26 miners, of whom ten were under 20 years of age and the youngest, David Harries only 13 years of age: 'They acted in a most gentlemanly manner to the dependants of the lost workers, being responsible for collecting a great deal of money for them. They were really helpful at most times.'

A number of serious accidents also occurred at the Trimsaran colliery which was opened in 1858, and over the years the death toll rose to 43 miners at this colliery. However, the colliery with the worst safety record was the Great Mountain Colliery, Tumble where 61 workers were killed. Other collieries with substantial numbers of fatalities were the Cynheidre Colliery (36), Trimsaran Colliery (38), the New Cross Hands Colliery (26), and the Pont-henri Drift Mine (23). The latter has been described as the most dangerous mine in the United Kingdom for spontaneous outbursts of coal dust and methane gas under high pressure. Ten men were killed there between 1920 and 1928 in four separate outbursts and in a ten year period a total of 26 outbursts occurred. The outburst phenomenon is considered to be an unique feature of the coal-mining industry in the Gwendraeth Fawr valley; nearly 230 incidents were recorded with 27 workers killed at nine collieries.

The Great Mountain Colliery in Tumble was opened in 1887, and the Waddell family was associated with this development. On 29 September 1886 John Waddell, born in the parish of New Monklands, Lanarkshire, and his three sons John, Robert Donald and George, were granted the rights on the mines and minerals under 292 acres of land previously belonging to Dan-y-graig farm. John Waddell senior was an experienced railway contractor responsible for the rebuilding of Putney Bridge, London in 1882, and for the construction in 1886 of the Mersey Railway Tunnel, connecting Liverpool and Birkenhead. He died in Edinburgh in 1888 leaving responsibility for the new venture at Tumble to his three sons. By 1892, 600 men were employed at the colliery, whose output was 400 tons of coal a day. Tumble had previously been a small rural village comprising a few houses and the Tumble Inn. The company responded to the miners' demand for convenient housing by building over a hundred houses, known initially as Tumble Row but later as High Street, and also by constructing near the colliery a lodging house to accommodate miners from Scotland and the north of England. In 1893 this was described by a reporter visiting the village at the time of the major mining dispute as: 'a model lodging house. It stands on a hill, and is undoubtedly an exceedingly fine structure. The rooms are lofty and commodious and as far as I could judge there was no over-crowding.'

The opening of the colliery transformed the village which, with a population of approximately 500, was described in 1890 as a 'rapidly growing place'. The influence of the Waddell family was reflected by the unsuccessful efforts to change the name of the village from Tumble to Waddelston. The proposal was discussed at a meeting of the Llanelli Rural District Council in September 1907. Despite the comments made by the Rev. David Jones that: 'It is a pity that they haven't adopted a more euphonious name. Why not give the village a Welsh name?' and the Clerk's suggestion that the village should be called Tre-Waddell, the councillors seem to have responded more favourably to the view expressed by Mr John Davies that: 'Waddelston is the more appropriate name for Tumble because, in fact, Mr Waddell has practically made the place.'

This discussion, together with the favourable comments regarding the Watney family, illustrates an apparently harmonious relationship between local coal miners and paternalistic proprietors. However, difficulties were experienced soon afterwards, and tensions involving both rural and industrial communities erupted at regular intervals. Another significant event in this area was the Enclosure Act of 1811, which resulted in the division and sale of common land on Mynydd Mawr, and in the termination of the grazing rights enjoyed by farmers. Access to the common had been provided by mountain gates (*llidiardau*) located in a rough circle surrounding Mynydd Mawr; these included Waun-wen, Rhyd-y-biswel, Felin-fach and Rhyd-y-maerdy, names which survive in the area today, and also Twll-y-lladron near Cross Hands (a possible explanation for this name is provided below). A fold (*ffald*) was also sited at Rhyd-y-maerdy, and other local folds included those established at Gors-las and Rhyd-y-gwiail, near Llyn Llech Owen. Stray cattle, having been collected on the common and driven to the fold, were then claimed by the owner for a small payment; those not claimed eventually became the property of the lord of the manor, who in this area was the owner of the Golden Grove estate.

The ending of traditional practices as a result of the 1811 Act, the imposition of additional pressures as a result of the New Poor Law Act 1834 and the Tithe Commutation Act 1836, and the operation of the Turnpike Trust road system intensified the grievances of the local community. The parishes of Llandybïe and Llangyndeyrn were important lime-producing centres. Nicholas Carlisle, in *A Topographical Dictionary of the Dominion of Wales* (1811), stated that: 'The parish of Llangyndeyrn is the grand natural Depot of Lime for the County, to which they send their Carts from the distance of 28 and 30 miles. The Turnpike Trust is, in consequence, more productive to the Trust than any other two gates almost in the County.'

The Rebecca Riots, which erupted in 1839, represented the response of local inhabitants not only to the oppressive burden of the toll-gates but also to the breakdown of the social structure. The toll-gate at Porth-y-rhyd was destroyed on 18 August, and on 22 August 1843 an attack was launched on Gelli-wernen, the home of John Edwards, agent to Rees Goring Thomas, Llan-non, the local landowner and extensive tithe impropriator. John Edwards had been criticised for having 'added insult to unnecessary severity' in a letter sent to his employer by

William Chambers (Junior), who also owned land in this area. He and his father, who had inherited the Stepney estate, were prominent industrialists and magistrates in Llanelli and in 1840 the son had established the Llanelli Pottery. On 25 August he chaired a meeting on Mynydd Sylen attended by an estimated crowd of 3,000 persons. The speakers included Stephen Evans, Cil-carw, the local historian who addressed the gathering eloquently in the Welsh language and who is believed to have been involved in several attacks by Rebecca's followers and to have occasionally acted as leader. Later in the same month, they attacked the farm of Gelli-glyd, near Cross Hands, and stole money, valuables and a gun from John Evans, the farm's tenant.

In early September, John Hughes (Jac Tŷ-isha), a local leader from Tumble, was captured when the magistrates learned of proposed raids on toll-gates at Pontarddulais and Hendy. He was sentenced to 20 years transportation and, when he had served the greater part of his sentence he married and settled down in Tasmania. Another mass meeting, attended according to reports by two to three thousand persons, was held on 13 September at Llyn Llech Owen, and a petition to the Queen was discussed listing the grievances of the community, which included tolls, tithe payments and high rents. Two other prominent leaders were captured in the same month, John Jones (Shoni Sgubor Fawr) and David Davies (Dai'r Cantwr), who had been involved in the attack on the home of Mr Slocombe, manager of the Gwendraeth Ironworks at Pontyberem. They received severe sentences; Shoni was deported for life and Dai for 20 years.

Despite the impression of general suffering in the rural areas, opportunities occasionally arose to benefit from property lost in shipwrecks on Cefn Sidan beach, to the west of Llanelli. Testimony submitted at magistrates courts and a government report in 1839 referred to men and women, known as 'Gwŷr y Bwelli Bach' (Men of the Small Hatchets) looting on this beach, and then disposing of the plunder in hiding places in local towns and villages. In 1834 two farmers from Llangyndeyrn, convicted for selling buffalo hides, were fined and imprisoned. Also, despite the distance of approximately twelve miles from Cross Hands to Cefn Sidan, it is possible that its role as a safe hiding place explains the name Twll-y-lladron (Robbers' hole) for a house situated near Cross Hands in the upper Gwendraeth Fawr valley.

The increased industrial activity also resulted in occasional outbreaks of discontent. Despite the apparent admiration in Pontyberem for the Watney family, the Census returns for 1851 included a note stating that 'the decrease of population is ascribed to the emigration of workmen thrown out of employment by the stoppage of collieries and iron works'. In 1874 Thomas Chivers strenuously resisted the demands for wage increases claimed by the workers at his Kidwelly tinplate works, who had recently formed a lodge of the newly-established union, The Independent Association of Tinplate Makers.

The immediate cause of the 1893 Tumble strike was the proposed reduction in wages, but another contributory factor was the introduction of workers from Scotland and the north of England, many of whom were accommodated in the Lodging House built by the Waddell family near the Great Mountain Colliery. A mass meeting of miners was held at the 'Cae Pound' field in Cross Hands on 1 May (Mabon's Day), and afterwards 3,000 persons marched through Cross Hands and Tumble (where Mr Beith, manager of the colliery, was struck in the face) to the Gwendraeth Arms, Cwm-mawr. In early September, attacks were launched by an angry crowd on the Lodging House, which resulted according to a local newspaper report in 'every pane of glass smashed with stones and bricks'. The Scottish lodgers appear to have sought shelter in an upper room, where they were said to be 'safe from harm'. Also attacked was Bryn Gwili, Cross Hands, home of Mr Beith, where window panes and a glass door were smashed and a terrified Mrs Beith was struck by a brass stair rod. The *Llanelly Mercury* presented on 14 September a vivid account of conditions in the village: 'Reaching the village, which slopes into a valley exquisitely picturesque, there were no tokens of any large and riotous congregation of rebellious miners. The village presented an appearance of desertion, as complete as the evidence of recent violence was great. The window panes were perforated from one end of the street to the other, and the wind whistled through the unprotected panels. The scene at the pit's mouth was a striking contrast to that of the deserted street. In the colliery yard all was animation and unrest. A detachment of dragoons was busily engaged in laying down an encampment for their accommodation ... A few, clad in scarlet tunics and wearing helmets of polished brass, and bestrode upon agile steeds, were careering round the neighbourhood, their carbines and their scabbarded swords the symbol of military strength and imperial power.' The arrival of additional troops, sent from Swansea 'to strengthen the military occupation of the village', was described as 'warlike and imposing'. All the windows of the lodging house had been smashed and 'the blinds were drawn, thus contributing to a dismal appearance. The place savoured, too, of disembowelled bloaters and stale haddock and I wasn't sorry to clear out.'

Further unrest resulted from the significant changes in the structure of the coal mining industry. The late 19th and early 20th century had witnessed the establishment of several major collieries in the Gwendraeth Fawr valley: at Pontyberem, the Pentre-mawr (1883) and Glynhebog (1886) Drift Mines; the Pont-henri Drift Mine (1891); the New Cross Hands Colliery (1892); the New Dynant Drift Mine, Cwm-mawr (1901); and the Blaenhirwaun Colliery (1907). The Emlyn colliery had been opened at Pen-y-groes in 1893. 450 miners were employed there in 1896, with the number increasing to 700 in 1913, before falling to 602 in 1918 and increasing again to 760 in 1923.

The impersonal nature of the combines created in the same year, the Amalgamated Anthracite Collieries Ltd and the United Anthracite Collieries Ltd which soon gained control of a number of local coal mines, contributed to the tensions that surfaced in the strikes of 1925 and 1926. In 1925 the police at Cross Hands were reported to have been 'terrified' by a crowd, led by Edgar Lewis, the local checkweigher, singing the hymn-tune 'Aberystwyth' with the inflammatory words referring to the great oppressions of this world. Several miners, including Edgar Lewis, were imprisoned in December, and his 'grand moral character and Christian spirit always ready to suffer loss himself for the benefit of his fellow men' were praised by Owen Hughes, a prominent member of the Cross Hands Gospel Hall. A protest meeting was addressed by James Griffiths, the Labour Party's full-time organiser in Llanelli who in 1936 was elected Member of Parliament for this constituency. 1926 was described in the register of Bethel Presbyterian chapel in Cross Hands as an unforgettable year as the collieries had been idle for seven months, from May until the end of November, and almost every worker had needed assistance from the Parish.

The high demand for anthracite coal continued in the years following the two strikes and this was in contrast to the remainder of the South Wales Coalfield, which suffered acutely from the effects of the 1930s depression. In this context it is relevant to refer to the highest numbers of miners working in the various collieries as noted by Phil Cullen in his 2010 volume: 657 at Glynhebog in 1926; 934 at Cross Hands, 833 at Pont-henri and 717 at Blaenhirwaun in 1927; 715 at Trimsaran in 1931; 1,316 at Tumble in 1934; and 939 at Pentre-mawr in 1935. A second Emlyn colliery was opened at Pen-y-groes in 1925–6 and was provided with the latest equipment, including a washery and larger screens in 1928 and improved facilities for the workers, such as a canteen and pit-head baths in 1933. However, the operation of this colliery was disrupted by the deterioration in relations between management and workers, especially after the establishment of the South Wales Miners Industrial Union (to compete with the South Wales Miners Federation, the predominant union of the south Wales miners); the recruitment of miners from Doncaster, Yorkshire; and local support for the strikes of 1925 and 1934. Reference was made in 1933 to limited reserves and in 1934 to geological problems, and following a fall in the price of anthracite coal the colliery was closed in 1939. After assisting the New Cross Hands Colliery by means of a limited operation to maintain the pumps, the Emlyn colliery was eventually abandoned in 1953.

The Second World War years again proved to be a relatively prosperous period, and arrangements were made for those who had not enlisted in the armed forces, and were known as 'Bevin boys' to work in the collieries. At the same time tensions arose from the miners' demand for higher wages and their support for the strike held in March 1944. The coal mining industry was nationalised in 1947 and came under the control of the National Coal Board. The subsequent closure of several collieries, including Glynhebog in 1949; the New Dynant, Cwm-mawr in 1952; New Trimsaran in 1954; Carway in 1960; Great Mountain, Blaenhirwaun and New Cross Hands all in 1962; and the Pentre-mawr in 1973 was associated with the decision to centralise the local coal industry at the Cynheidre colliery. Miners from Durham and Scotland were attracted to work at the pit and the number of miners at Cynheidre peaked at 1,446 in 1964. Major development work was undertaken at this colliery in the period after 1960, due to plans to produce approximately a million tons of coal every year for the next 100 years. Concerns about their future employment contributed to the support demonstrated by the vast majority of local miners for the seven week strike of 1972, the four week strike of 1974 and the year-long strike which began on 12 March 1984 and ended on 5 March 1985. Their main motivation was opposition to the possible closure of local collieries and the consequent threat to local employment, and their fears were realised with the closure in 1989 of the Cynheidre Colliery. Soon afterwards, in 1992, the Cwmgwili mine near Cross Hands, a recent and extremely productive venture, was closed. This closure marked the end of deep-mining in the valley, although several attempts were made to establish open-cast ventures, such as that on the Ffos-las site in the Trimsaran area. The brickworks, established near the Emlyn colliery at Pen-y-groes in 1911, and whose kiln operated continuously from 1911 to 1999, was closed in 2000 and demolished in 2006.

The experience of confrontation in the first half of the 20th century is largely associated with the industrialised Gwendraeth Fawr valley, but in the period 1960–5, attention was focused on the rural communities of the Gwendraeth Fach valley. In this period a heroic and eventually successful campaign was waged by the villagers of Llangyndeyrn to oppose the attempts of the powerful Swansea Water Corporation to acquire under compulsory purchase order the agricultural area between Llangyndeyrn and Porth-y-rhyd to enable the construction of a reservoir to supply water for West Glamorgan. The proposed development involved the building of a dam which would result in the flooding of farms, houses, and fertile farmland, and in the destruction of the local community, which was united in its opposition to the proposals and quickly formed a defence committee. In October 1963 barricades were manned to prevent surveyors from entering the village and a bitter confrontation took place in the village of Llangyndeyrn. The struggle attracted considerable media coverage and widespread support, and eventually the Swansea Corporation agreed to reconsider its proposals and decided to develop a reservoir at Rhandir-mwyn, which now forms the Llyn Brianne reservoir.

The efforts of Llangyndeyrn residents to defend their homes fostered strong feelings of local commitment and the same kind of allegiance to the local community was evident in the mining villages. Close-knit communities developed there as a consequence of the hardships experienced over an extended period, the occasional but terrifying disasters, and the constant reminders of the permanent damage caused to the health of so many coal miners. Despite the various pressures of daily life, with the miners undertaking onerous and dangerous duties and former miners, often forced to retire at a young age, suffering from the effects of their colliery work, a wide range of leisure activities was arranged in the area. When considering recreational activities it is important to refer to the public houses established in a number of localities. Early references include the 'freehold public house, brew house' offered for sale at the auction held at the Ivy Bush Hotel, Carmarthen on 6 October 1776. Iolo Morganwg, when travelling through the area in 1793, recorded favourable comments in his diary on the hostelry he used in Llan-non. Stephen Evans, in his history of Pontyberem (1856) referred to the building in 1815 of Westfa Newydd, later known as the New Inn, and the Plough in 1833. The 1841 census provided details of the Boat and Anchor, also in Pontyberem, and the same census named the following inns in the parish of Llan-non: New Lodge, Farmers' Arms, Greyhound, King's Head, Red Lion, Smith's Arms, Tumble Tavern and the Cross Hands.

By 1920 the number of public houses had increased substantially, and those recorded in Kelly's *Directory of Monmouthshire and South Wales* (1920) included: the Pelican, Bell, Corporation Arms, Plough and Harrow, Lord Nelson, Chemical Hall, Castle, Red Lion, Phoenix, Masons Arms, Lamb and Flag, Prince of Wales and White Lion at Kidwelly; the Bridgend, Rwyth Inn and Queen Victoria at Pont-iets; the Black Horse at

Meinciau; the Red Lion and Incline at Pont-henri; the New Inn at Pontyberem; the Smith's at Llangyndeyrn; and the Bridge-end and Halfway at Pontantwn. Also, the Abadam at Porth-y-rhyd; the Mansel Arms near Dre-fach; the Tumble Inn, the Workmen's Club and perhaps surprisingly the Abergwendraeth Conservative Club at Tumble; the Commercial, Gwendraeth Arms and Greyhound at Llan-non; the Smith's Arms at Foelgastell; the Dynevor Lodge at Cefneithin; the Farmers' Arms and Cross Hands at the village of the same name; the Union Tavern at Gors-las, and the Norton and Farmers Arms at Pen-y-groes.

It is possible that an indirect result of the famous Carmarthen National Eisteddfod of 1819 was the formation of the Mynydd Mawr Cymmrodorion Society at the Cross Hands public house. One of the earliest eisteddfodau in this locality was the Bryn-du Eisteddfod, held in 1875 soon after the opening of the village school. A number of choirs were established in Tumble, including ladies, male voice and children's choirs, as well as mixed choirs, such as the Tumble United Choir formed by T. J. Morgan, and its successor, the Tumble and District United Choir, with his son, David Morgan as conductor. These choirs performed oratorios such as the *Messiah, Samson, Elijah* and *Creation*. There was also a ladies choir led by Luther Lewis, Dre-fach, and in 1965 the Mynydd Mawr Male Voice Choir was founded. Bands formed in the two valleys in the late 19th and early 20th centuries included the brass band established *c.*1890 in the Dre-fach and Cwm-mawr area, the silver bands of Crwbin and Mynydd-y-garreg, and the 'Fife' band of Tumble and Pont-iets. An orchestra had been founded at Cross Hands in the early 20th century, and in the late 1930s the Mynydd Mawr Council of the Arts was established with the family of Tom James, Cross Hands heavily involved in the activities it organised. A local chorus and full orchestra were formed and a series of operas, including *Hansel and Gretel, Samson and Delilah* and *Cavalleria Rusticana*, were performed at the Cross Hands Public Hall until the early 1950s. Famous international orchestras and early Arts Council of Great Britain touring dramatic companies were invited to the hall, which was also the venue for dramatic productions by local companies, such as those associated with Dan Matthews, Pontarddulais; Ivor Thomas, Pont-henri; and Edna Bonnell, Pwll, Llanelli; and the plays *Lili'r Gwendraeth, Glo Caled*, and *Corn Beca* by the local dramatist, Gwynne D. Evans. In the early years of this century the *Theatr Fach / Little Theatre Cross Hands*, under the direction of Brin Davies, achieved success in the drama competitions of the National Eisteddfod.

The enthusiastic involvement in cultural activities led to a demand for the provision of suitable venues and the miners contributed weekly amounts from their wages to maintain the welfare halls, and their associated libraries and recreational facilities. Another significant association with the coal mining industry was the visit by the Tumble Dramatic Company to north Wales during the Great Strike of 1926 when £350 was collected towards the Soup Kitchen at Tumble. In 1896, following a request from 175 residents of Pontyberem for suitable premises for dramas, concerts and eisteddfodau, and for a meeting place to settle disputes, a suitable plot of land was acquired in 1903 for building 'a public meeting place.' The deeds referred to the intention 'that a plot is to be used for the people of Pontyberem to erect a Public

Hall'. and local residents were clearly indebted to the generosity of Mr Seymour, the director of the company which owned the colliery. A reading room was built in 1908, and after the construction of the Institute in 1927, the Memorial Hall was opened in 1934. The Public Hall was opened at Cross Hands in 1904, extended in 1913 when reading and committee rooms and a billiard table were added, and renovated in 1926 and again in 1992. Following a public meeting held in 1913, a public hall was opened at Tumble in 1915. Previously a reading room had been established soon after the opening of the colliery, and this was later converted into a cinema.

Cinemas were built in several locations in the Gwendraeth Fawr valley, and the 'monkey parades', held on weekend evenings on the main street near the Capitol cinema in Cross Hands, provided congenial opportunities for young people to meet. The films shown attracted large audiences and were entirely through the medium of English. This provision was in marked contrast to most of the dramatic productions staged in the valley's halls. In addition to these, a wide range of Welsh-language activities were staged, such as concerts featuring local performers, including the duos Jac a Wil and Shoni a Iori; Iori's son Ronnie Williams; and the groups, the Troubadours and Bois y Blacbord.

The chapels made extensive use of the village halls, for services such as those arranged by the local Bethania and Bethel chapels at Cross Hands Public Hall; for eisteddfodau, such as the one held by Bethel in 1916 to raise funds; and for staging productions in the 1930s and 1940s by groups from Bethel of the plays *Yr Oruchwyliaeth Newydd* and *Y Ddwy Frân Ddu*, and the operettas *Holiday on the Sands*, *Ymgom yr Adar* and

*Agatha*. In addition, numerous musical activities were held in the chapels, and singing festivals (*cymanfaoedd canu*) were extremely popular. A wide range of singing festivals, oratorios, organ recitals, operettas, concerts and plays were arranged at Capel Sul, Kidwelly, and one notable occasion was the performance on 20 September 1958 at a packed chapel, with extra seating provided, of the oratorio *Hymn of Praise* by a large choir and orchestra conducted by Dr Terry James.

Another important aspect of leisure-time activities was the intense interest shown over the years in various sporting activities, and in rugby in particular, with the enthusiasm of players and spectators possibly a reaction against the difficulties of working conditions. Teams were formed in all parts of the Gwendraeth Fawr valley, from the northern fringe of Pen-y-groes as far as the southern boundary of Burry Port, with present-day teams including Cefneithin, Tumble, Pontyberem, Pont-iets, Trimsaran, Kidwelly and Mynydd y Garreg. The two brothers, Harold William and Godfrey Colston Seymour, sons of Thomas Seymour, owner of the Coalbrook colliery in the village, were largely responsible for the formation of the Pontyberem rugby club in 1895. They had been educated at Llandovery College and the development at Pontyberem represented another example of the influence of this public school on extending the popularity of rugby in south Wales. Clubhouses were established by the rugby teams, such as the Cefneithin Rugby Club in the building which was previously the Farmers Arms, Cross Hands. A number of players, including Carwyn James and Barry John (Cefneithin), D. Ken Jones (Cross Hands), Gareth Davies and Dwayne Peel (Tumble, and also Robin McBryde who now resides in the village), Jonathan Davies (Trimsaran) and Ray Gravell (Mynydd y Garreg); and the referee Nigel Owens (Mynydd Cerrig), have won international acclaim in recent years. Many followers of the Llanelli-based rugby team now support their team at Parc y Scarlets, having previously flocked to Stradey Park. Cricket and football teams have been established at many local villages. In the past the Glamorgan cricket team was supported at Stradey Park, Llanelli and St Helen's, Swansea; the Llanelli football team at the town's Stebonheath ground, and Swansea Town, later Swansea City at the Vetch Field, Swansea. Today, St Helen's continues to attract cricket supporters, and the Liberty Stadium near Swansea is a popular venue, especially since 2011 when the Swans won promotion to the Premier Division of the Football League.

As previously suggested the considerable interest in sport, especially rugby, may to some degree represent a reaction against the hardships of work in the Gwendraeth Fawr valley. The dangers and difficulties of the coal-mining industry also contributed to the emphasis placed on education, with several generations of children made aware of the lack of alternative employment in the valley. Several circulating schools had been established in the 18th century by Griffith Jones, and one must, in view of the authors' lack of knowledge of the Welsh language, assess with care the government report on education published in 1847 (the notorious Treason of the Blue Books). The strong impression conveyed is that a large proportion of the local population was unable to read or write, and that the local provision, apart from the Sunday schools, notably those of the Nonconformist denominations, was very deficient. There was a close connection between the

National school, opened at Llan-non in 1841, and the Anglican church, and the school was financially backed by Rees Goring-Thomas, a member of a well-established local gentry family. The school was extended in 1875, and in the same year Bryn-du school, about a mile from Llan-non village, was opened to provide education for the children of those Nonconformists who were opposed to the Anglican associations of the National school. Present-day residents remember older relatives reminiscing about having to undertake long journeys on foot to junior schools, in all weathers, as did children in the upper Gwendraeth Fawr valley to Bryn-du school, and also about the journeys to the grammar schools of Llanelli, Carmarthen, Llandeilo and Ammanford before the opening of the Gwendraeth Grammar School in 1925.

In the early days the general tendency in elementary and grammar schools was to place an emphasis on the English language in communities where children were predominantly monoglot Welsh speakers. Learning and reciting passages from memory was also an important feature of the educational provision. Former pupils of the Bryn-du school included R. R. Williams who as Deputy Director of Education for the Rhondda produced an enlightened language policy for this area. However, there are numerous references in the Census returns for 1891 and 1901 suggesting the Anglicised environment of local schools, and attention was drawn to individuals, such as William Evans, the schoolmaster at Llan-non, who only spoke English.

A number of those recording memories of their upbringing recalled the unfortunate experience of being educated in an Anglicised institution despite the wholly Welsh character of their local communities. It is therefore interesting to note the comments of two eminent ministers, one of whom was brought up in the upper part of the valley and the other in the middle of the valley. The Rev. Principal D. Eirwyn Morgan recalled in 1970 his upbringing in the village of Pen-y-groes, which was wholly Welsh speaking with some monoglot Welsh-speakers, but the village school was described as 'rather English'. Whilst supposing the headmaster to be a Welsh speaker, he could not remember him uttering a single word of the language to a teacher or pupil. The Rev. Professor Cyril G. Williams declared that whilst Welsh was the language of the chapel, kitchen, playing fields and eisteddfod in Pont-iets, the school was the exception, as it was believed that education was synonymous with English and that the focus on English was necessary to prepare pupils for the demands of the wider world. This was also true of the secondary schools where every subject apart from Welsh and Welsh Literature was taught through the medium of English down to the 1960s. More recently there has been a marked change in official policy with the establishment of Maes-yr-Yrfa bilingual school in 1983 and the designation of most local primaries as Category A schools in the Carmarthenshire education structure. Following recent extensive reconfiguration, the new Ysgol Maes y Gwendraeth has been opened on the Ysgol Maes-yr-Yrfa site. Work commenced in 2014 on a significant development valued at £18.4 million which will include the construction of a number of additional buildings, including a design and technology block, a sports hall and an energy centre.

The Gwendraeth Fawr and Gwendraeth Fach valleys are traditionally regarded as being among the communities with the highest proportions of Welsh speakers, and where Welsh is spoken by substantial numbers:

|  | 1961 | 1971 | 1981 |
|---|---|---|---|
| Pontyberem parish: | 2,394 [91.0%] | [87.7%] | [84.4%] |
| Llan-non parish: | 4,475 [89.6%] | [87.4%] | [81.4%] |
| Llanarthne parish: | 3,113 [87.4%] | [81.0%] | [82.0%] |

By 1991 and 2001 the method of collecting and presenting the statistics had changed:

| 1991: | Pontyberem, | 2,602 [80.5%]; | Cross Hands, | 1,086 [80.4%]; |
|---|---|---|---|---|
|  | Gors-las, | 2,602 [78.4%]; | Tumble, | 2,770 [78.0%]. |
| 2001: | Pontyberem, | 2,719 [73.3%]; | Llan-non, | 4,839 [71.4%]; |
|  | Gors-las, | 3,624 [70.6%]. | | |
| 2011: | Pontyberem, | [67.4%]; | Llan-non, | [64.2%]; |
|  | Gors-las, | [64.1%]. | | |

These statistics were generally among the highest for Welsh speakers in Wales. However, on closer examination the position is not as positive as it seems, and when comparing 1991 and 2001, it is clear that the percentages have dropped by 6.2% in Pontyberem, 7.1% in Llan-non and 7.8% in Gors-las. There was a further drop by 2011, and the relative decreases by then were 5.9% in Pontyberem, 7.2% in Llan-non and 6.5% in Gors-las. The decrease is clearly illustrated in the following table for Pontyberem:

| Pontyberem | 1961 | 1971 | 1981 | 1991 | 2001 | 2011 |
|---|---|---|---|---|---|---|
| Percentage | 91.0% | 87.7% | 84.4% | 80.5% | 73.3% | 67.4% |

The percentage of Welsh speakers in Kidwelly had fallen to 44.4% by 2011, and an even more remarkable decrease was recorded at Llanelli. The 1961 Census recorded that there were 16,570 Welsh speakers in the borough of Llanelli, representing 57.41% of the total population of 28,859. The percentage of Welsh speakers in Llanelli in 2001 was 29.7% , which dropped again to 23.7% in 2011. The findings of the 2011 Census have raised concerns, and a number of recommendations have been made in a report on the Welsh language published in March 2014 by Carmarthenshire County Council.

The western areas of the South Wales Coalfield are considered important for the future of the language, in view of the large population, compared to the more rural areas and scattered population of west Wales. Therefore, the statistics quoted above for the period 1961–2011 must be assessed in the context of the sweeping changes in employment patterns in the Gwendraeth Fawr valley, and when considering the 120 year period from 1891 to 2011, it is clear that substantial industrial changes had occurred in this area. At the beginning of the period in question the area was in the process of being transformed from an agricultural community to one where the coal industry would be the main employer for nearly 50 years. As with other communities in south Wales, the valley was transformed as a result of the increasing influence of the coal industry, resulting in an increase in population with many depending for years on the coal industry for sustenance.

The evidence of the 1891 Census returns for the parish of Llan-non reveals that 90.3% of the inhabitants hailed from Carmarthenshire, and whilst just over half were born within the parish, with 90.7% being monoglot Welsh speakers, a substantial number hailed from neighbouring parishes in the county. Of those born outside the county, most (75) came from shires located near to Carmarthenshire, especially Glamorgan, and

54 (72%) of these were monoglot Welsh speakers. The industrial developments offered valuable employment opportunities for the inhabitants of rural communities to the north and west, where there were large numbers of Welsh speakers, and many of these migrated to the Llannon parish. This demographic trend continued during the 20th century, ensuring that the Gwendraeth valleys was recognised as a stronghold of the Welsh language. Whilst workers from all parts of Wales migrated to the valleys of the south-east, many were also attracted from adjacent English shires. The future of Welsh in those areas was less certain than in the Gwendraeth Fawr valley, the westernmost area of the South Wales Coalfield. It was therefore less difficult to assimilate incomers, and the individuals named in 1891 included the miners William Piles and Edward Peel, from Somerset. They were recorded in 1901 as English speakers, and their wives and children as either bilingual or Welsh speaking. Both families have since established deep roots in the locality.

The complex linguistic patterns were illustrated in a number of homes in Tumble Row, Tumble and Furnace Terrace, Pontyberem. Most of the residents of Tumble Row were miners and the street has been mentioned above in the discussion on the 1893 riot. Most were Welsh speakers, with exceptions such as David Timbrel, a 48 year old colliery labourer born in Cirencester, Gloucestershire. He resided at no. 34 and was described as an English speaker. The remainder of his family were bilingual. Ann, his 40 year old wife, hailed from the parish of Llannon, where his two younger children, Ernst [sic], aged 3, and Alice, aged 2, were born. After their marriage they lived in Ewen, Gloucestershire, where their eldest son

Wilfred Edward, aged 10, was born. They then returned
to Wales and their second child Elizabeth Ann, aged 5,
was born in the parish of Llandybïe. Whilst this was an
example of an English speaking incomer marrying a
local Welsh woman and raising the children bilingually,
the occupants of no. 74 were all Welsh speakers. Arthur
Bryant, a 35 year old miner born in Middlesborough,
Yorkshire, had learned Welsh having married a Welsh
woman, Elizabeth Jane, born at Carmarthen and they
had a one year old daughter, Blodwen.

The process of language integration was also
illustrated by the family occupying no. 7, Furnace
Terrace, Pontyberem. There were six people at this
address: William Martin, a 38 year old railway wagon
builder was born in Bath; his 48 year old wife Lucy born
in Handley, Dorset; and their four children, Winifred (an
18 year old dressmaker's assistant), Mansell, Pauline and
Nellie. Winifred was born at Aberdare, and the family
had obviously resided there before settling in the parish
of Llan-non where the other three children were born.
Despite being born of English speaking parents, the
children were bilingual. English was the only language
spoken by their neighbour, Mary Mann, an 82 year
old widow born in the Forest of Dean, but all other
occupants of no. 8 were bilingual including her widowed
daughter-in-law, Mary Louisa Cook who hailed from
Burslem, Staffordshire and was the head of the family;
her son Charles (20), a stationary engine stoker; her four
nephews, Joseph Mann (20), a colliery labourer, Edward
(16), a colliery haulier, John (9) and William (7); and
her four nieces, Mary (17), Louisa (13), Joanna (12) and
Lizzie (5); as well as a lodger, David Lewis (18).

The colliery was the main employer for more than

a generation and was associated with all aspects of the social and cultural life of the area. Welsh was the natural language of the colliery and was spoken by miners at work and at home. This was confirmed by Terry Davies, a former coal miner currently elected to represent Gors-las on Carmarthenshire County Council, when he stated in an interview that Welsh was used extensively by miners at the colliery; this included Union Lodge discussions which were held entirely in Welsh even though the minutes were taken in English. The miners were enabled to work near their homes and enjoyed a degree of job security. (The interview is recorded in Hywel Befan Owen's doctoral thesis on the effects of de-industrialisation on the Welsh language in the Gwendraeth Valley, which also contains a detailed study of the previously discussed evidence of the 1891 and 1901 Census.)

If the development of the coal mining industry played a key role in increasing the numbers of Welsh speakers in the Gwendraeth Fawr valley, the colliery closures of the second half of the 20th century had a damaging effect. This was emphasised in the 1991 report by Coopers & Lybrand Deloitte, which stated that colliery closures had led to the loss of nearly 30% of jobs in the Gwendraeth Fawr valley and to an unemployment level of 15% compared to 10% for Wales and 8% for the United Kingdom. Attention was also drawn to variations between different parts of the valley, with the position in the upper areas more favourable than that of the middle of the valley, and the report stated that the villages of Pontyberem, Pont-henri and Pont-iets continued to be among the most underprivileged areas of Wales.

One reason for the variation between these localities

is the recent development of the New Cross Hands colliery site where a Business Park has been created. The coal tips have been replaced by a number of successful shops and businesses such as Leekes, which sells various goods including furniture, homeware, kitchenware and garden products; the Co-operative, which also houses the village post office; McDonald's with its café and food outlet, and the Travelodge motel and Little Chef restaurant. In the neighbouring Cross Hands Food Park a sum of £50 million has been invested in a joint venture between Carmarthenshire County Council and the Welsh Assembly Government, in order to create the first designated centre of excellence for food technology in Wales, described as 'the centrepiece of the county's economic strategy'. A food production facility and offices have been opened here by Castell Howell Foods, the largest independent food wholesaler in Wales, which employed 300 people in 2013; and also a food processing unit by the Irish company Dawn Pac, producing over 1,000 tonnes of meat products every week. There are also plans to spend substantial amounts on two other sites: one to the east, for the development of new local projects, and the other, the 'West Tip' redevelopment scheme includes a new food store, residential areas, healthcare facilities will include a care home and new medical centre, office space, recreation and open spaces, community use and a new transport hub. In the centre of the village the caravan-selling business established by the Ennis family several years ago continues to attract customers.

An important aspect of these developments is their proximity to the A48 dual carriageway giving access westwards to Ireland, and to the Pont Abraham roundabout which, three miles to the east, represents the western limit of the M4 Corridor leading to Swansea, Cardiff and the cities of England and Europe. This probably explains the difference between this area and villages in the middle of the valley which are further away from the M4 and have not experienced the same economic benefits. The companies established here have maximised the opportunities to send their goods to markets in heavily populated areas. Another result, which has significant implications for the Welsh language, is the provision of employment opportunities for local inhabitants. At the same time, the mobility of the population has accelerated with people from other areas moving to live in the valley, and local inhabitants, especially young people, migrating to seek work and then settling in other localities.

In spite of the focus on expanding this site, efforts were also made to attract companies to other localities, such as the Pont-henri Business Park, where 25 units had been created. To the south of Pont-henri the opening of the Ffos Las racecourse, near Trimsaran, on 18 June 2009 was an exciting initiative by The Walters Group, led by David Walters, company chairman and racehorse owner. This was built, at a cost of £20 million, on the site of a former opencast coal mine and was the first new National Hunt racecourse to be built in the United Kingdom for 80 years. Five jump and three flat race events have been arranged for 2014. Gravells garage was established at Kidwelly in 1932 by Tom Gravell. An extremely successful family firm, it secured the Renault franchise on 1 March 1954 and today boasts the oldest Renault dealership in the United Kingdom. Approximately 1,000 new cars and vans, and 1,500 second-hand vehicles are sold every year. The company is one of the primary sponsors of the

Scarlets rugby team, and a five-year partnership has been formed with Urdd Gobaith Cymru, securing funding for the movement.

The Coopers & Lybrand Deloitte report in 1991 emphasised the importance of the Welsh language and culture as integral features of the local community, and the probability that local individuals and groups would contribute significantly to the revival of the locality. The evident threat to the survival of the Welsh language resulted in vigorous attempts to safeguard it, and one of the most important of these was the foundation of the Welsh language initiative, Menter Cwm Gwendraeth, in January 1991. This development was a direct result of the outstanding success of the Cwm Gwendraeth Urdd National Eisteddfod held at Cefneithin in 1989, and also of the strong sense of Welsh identity which surfaced amongst local inhabitants during the three years spent preparing for the festival. It is regarded as having been of crucial significance in the drive to safeguard the Welsh language in one of its strongholds, especially in view of the linguistic boundary's gradual westward shift, posing a serious threat to those communities in the Gwendraeth valleys where over 80% were Welsh speakers.

The fundemental aim of Menter Cwm Gwendraeth, since its foundation in 1991, has been to ensure the survival of the Welsh language in this area, especially in view of the evidence of recent Censuses indicating the westward shift of the linguistic boundary. The original office was located in a small cabin to the rear of Cross Hands junior school, but with the increase in activities and staff, a small office was opened on the Pont-henri Industrial Estate. The Menter moved to a new office at Pontyberem in 2002 where the main office is still based today, together with a shop, Cwtsh Glöyn, selling Welsh books, CDs and cards and various other goods; and a café, Caffi Cynnes, which is open five days a week. One of the Menter's noteworthy activities was the production of questionnaires which were distributed in a number of the valley's villages during the period 1997–2003. Village forums were established to consider them, and the need for the local community to determine its own requirements and priorities was stressed; the village reports produced contain valuable data on the various villages. An 80% response was received in Trimsaran, and it was decided to prioritise the establishment of a centre where meetings and activities could be held. Grants were secured from Sportslot, the National Lottery and the European Regional Development Fund to construct a suitable building in the village. Since its inception, the Menter has focused increasingly on the promotion of community development programmes. Today, in addition to offering a wide range of translation and editorial services in Welsh, Menter Cwm Gwendraeth provides a number of services relating to community regeneration and development; organises training courses, activities for children and young people, and care services for the elderly; and contributes to the protection of the local environment and resources.

This was the first language initiative to be formed in Wales and the subsequent establishment of such initiatives throughout the country proves its success. Other communities also became aware of the threat to the Welsh language in their areas, and of the need to ensure the successful transfer of the language to the next generation as had already been attempted in the Gwendraeth Fawr valley. Today, Menter Cwm Gwendraeth's remit has been extended to include Llanelli, underlying the historical ties which have bound the two areas together over the centuries, and certainly since their amalgamation in the commotes of Is Cennen, Carnwyllion and Cydweli in the Middle Ages.

## Bibliography

Abbreviations:

CA  *The Carmarthenshire Antiquary*, transactions of the Carmarthenshire Antiquarian Society.

CH  *The Carmarthenshire Local History Magazine / The Carmarthenshire Historian.*

Archer, A. A., *Geology of the Gwendraeth Valley and Adjoining Areas, Memoirs of the Geological Survey of Great Britain* (1968).

Barnes, Tudor & Yates, Nigel (eds), *Carmarthenshire Studies, Essays presented to Francis Jones* (1974).

Bevan, Alun Wyn, *Stradey Stories* (2005).

Bowen, David, *The History of Llanelli and The History of the Gwendraeth Valley by ap Huw*, English translation by Ivor Griffiths (1996).

Brazell, J. Phyllis, 'Jac Ty-isha – a banished son', *CA*, xxvi (1990).

Carmarthenshire County Council, Economic Development and Leisure Department (Cultural Services), *Cymoedd y Gwendraeth Valleys* (1997).

Cullen, Phil, *Outburst, Curse Below the Gwendraeth Valley* (2001); *Gwendraeth Valley Coal Mines* (2010).

Craig, R. S., Jones, R. Protheroe & Symons, M. V., *The Industrial and Maritime History of Llanelli and Burry Port* (2002).

Davies, Elwyn, *A Gazetteer of Welsh Place-names* (1967).

Davies, Jonathan, with Peter Corrigan, *An Autobiography* (1989).

Davies, R. R., *Lordship and Society in the March of Wales, 1282–1400* (1978).

Davies, Russell, *Secret Sins, Sex, Violence and Society in Carmarthenshire, 1870–1920* (1996).

Edwards, Huw, *Capeli Llanelli, Our Rich Heritage* (2009).

Edwards, John, *Llanelli, Story of a Town* (2001).

Egan, David, *Coal Society* (1987).

Evans, J. Wyn, Gibbard, Noel & Loader, Maurice, *Footprints of Faith, Aspects of the Origins and Growth of Christianity in the Llanelli Area*, (ed.) John Edwards (1991).

Evans, Michael C. S., 'The Pioneers of the Carmarthenshire Iron Industry', CH iv (1967); 'Forgotten roads of Carmarthenshire, 3: Carmarthen to Llanelli and the river Llwchwr' *CA*, xxiv (1988).

Evans, Muriel Bowen, 'The Parish of Llangyndeyrn 1851: a Population Study', *CA*, xxvii (1981); 'An industrial workforce – Kidwelly tin workers 1881', *CA* xxii (1986).

Francis, Hywel, 'The Anthracite Strike and the Disturbances of 1925', *Llafur*, 1, 2 (1973).

Gerald of Wales, *The Journey Through Wales and The Description of Wales*, trans. Lewis Thorpe (1978).

Gibbard, Noel, 'The Tumble Strike 1893', *CA*, xx (1984).

Gorslas History Society / Cymdeithas Hanes Gorslas, *A History of Gorslas / Hanes Gorslas 1804–2007* (2007).

Harries, Enid, *Capel Sul, The History of a Unique Chapel* (2012).

Howell, David, *Patriarchs and Parasites: The gentry of south-west Wales in the eighteenth century* (1986).

Hughes, Eric, *Kidwelly, A History* (1999).

Innes, John, *Old Llanelly* (1902).

Jack, R. Ian, 'Cloth manufacture in the medieval lordship of Kidwelly', *CA*, xlx (1983).

James, Heather (ed.), *Sir Gâr, Studies in Carmarthenshire History, Essays in Memory of W. H. Morris and M. C. S. Evans* (1991).

James, Heather & Moore, Patricia (ed.), *Carmarthenshire and Beyond: Studies in History and Archaeology in Memory of Terry James* (2009).

John, Barry, *The Barry John Story* (1973).

John, Barry & Abbandonato, Paul, *The King* (2000).

Jones, D. Daven, *A History of Kidwelly* (1908).

Jones, Francis, 'The Annals of Mudlescwm', *CA*, xxi (1985); *Historic Carmarthenshire Homes and their Families* (1987).

Jones, Glynne R., 'Capel Erbach, Carmarthenshire, a medieval well chapel', *CA*, vii (1971).

Jones, Ieuan Gwynedd & Williams, David (ed.), *The Religious Census of 1851, A Calendar of the Returns Relating to Wales, vol.1 South Wales* (1976).

Jones, Tom & Delyth, *Llanarthne Ddoe a Heddiw / Llanarthney Past and Present* (2002).

Kenyon, John R., *Kidwelly Castle* (2007).

Lloyd, Howell A., *The Gentry of South-West Wales, 1540–1840* (1968).

Lloyd, J. E., *A History of Carmarthenshire*, 2 vols. (1935 and 1939).

Lloyd, Thomas, *The Lost Houses of Wales: a survey of country houses in Wales demolished since c.1900* (1986).

Lloyd, Thomas, Orbach, Julian & Scourfield, Robert, *Carmarthenshire and Ceredigion, The Buildings of Wales* (2006).

Matthews, Ioan, 'The world of the anthracite miner', *Llafur*, 6, 1 (1992).

McBride, Robin & Davies, Lynn, *Staying Strong* (2007).

Menter Cwm Gwendraeth, *Strategy* (1991).

Molloy, Pat, *And They Blessed Rebecca* (2001).

Morgan, Hopkin, 'Local administration in the rural areas', *CA*, ii (1962).

Morris, W. H., 'The canals of the Gwendraeth Valley' (Part 1), *CA*, vi (1970); 'A Kidwelly town rental of the early 16th century', *CA*, xi (1975); 'The 1356 charter of the borough of Kidwelly', *CA*, xxii (1986); *Kidwelly Tinplate Works: a history* (1987); 'The Port of Kidwelly', *CA*, xxvi (1990).

Morris, W. H. & Jones, Glynne R., 'The canals of the Gwendraeth Valley' (Part 2) *CA*, viii (1972) and 'The canals of the Gwendraeth Valley' (Part 3): A Field Survey and Guide', *CA*, x (1974).

Morris, W. H. & Ward, Anthony H., 'Antiquarian exploration of presumed Bronze Age sepulchral remains on Allt Cunedda, South East Dyfed; new information on discoveries', *CA*, xx (1984).

Nicholson, John A., *Pembrey and Burry Port, their Harbours, Shipwrecks and Looters* (1985); *Llanelli and Burry Port* (2002).

Owen, D. Huw, 'History of the Mynydd Mawr', *CLHM*, 1,1 (1961); 'Chapel and Colliery; Bethel, Cross Hands, 1907–82', *CA*, xviii (1982); *Cwm Gwendraeth and Llanelli* (1989); 'Colliery Landscape to Business Park, The changing landscape of Cross Hands', *Amrywiaeth Llanelli Miscellany* (1991); *The Chapels of Wales* (2012).

Owens, Nigel, *Half Time* (2009).

Pearce, T. W. (ed.), *Gwendraeth 1925–75* (1975).

Price, M. R. Connop, *The Llanelly and Mynydd Mawr Railway* (1992); 'The life and death of the Emlyn colliery', *CA*, xlvii (2011); 'The coal industry at Cross Hands', *CA*, xlviii (2012); 'The coal industry at Tumble', *CA*, xlix (2013).

Rees, Dylan, 'The changing borders of Iscennen', *CA*, xxiv (1988); *Carmarthenshire, The Concise History* (2006).

Rees, Eiluned (ed.), *Carmarthenshire Memories of the Twentieth Century* (2002).

Rees, William (ed.), *South Wales and the March, 1284–1415; a social and agrarian study* (1924); *A Survey of the Duchy of Lancaster Lordships in Wales, 1609–1613* (1953).

Richards, Alun, *Carwyn, A Personal Memoir* (1984).

Richards, Melville, *Welsh Administrative and Territorial Units* (1969).

Stephens, Meic (ed.), *The New Companion to the Literature of Wales* (1998).

Symons, M. V., *Coal Mining in the Llanelli area, vol. 1, 16th Century to 1829* (1979); *vol. 2, 1830–1871* (2012).

Thomas, Colin, *The Ancient Town of Kidwelly, Snapshots of the Past, 1879–1946* (2012).

Ward, Anthony H., 'The Cairns on Mynydd Llangyndeyrn: a focal point of the Early Bronze Age in south east Dyfed', *CA*, xii 9 (1976).

Williams, David, *The Rebecca Riots* (1955).

## Periodicals

*The Carmarthenshire Antiquary, Transactions of the Carmarthenshire Antiquarian Society.*

*The Carmarthenshire Local History Magazine / The Carmarthenshire Historian.*

*Gwendraeth, Transactions of the Gwendraeth Valley Historical Society.*

## Unpublished Thesis

Owen, Hywel Befan, 'Effaith dad-ddiwydiannu ar yr iaith Gymraeg yng Nghwm Gwendraeth', PhD Thesis, University of Wales (2005).

## DVD

Great Mountain Media: *Black Gold, A History of Coal Mining in the Gwendraeth Valley, 1850–1989, 1. History of mining in the Upper Gwendraeth Valley* (2013).

## Sefyll yn y Bwlch

### Brwydr Llangyndeyrn 1960 – 1965

## W. M. REES

£9.95

Am restr gyflawn o lyfrau'r Lolfa, mynnwch
gopi am ddim o'n catalog
neu hwyliwch i mewn i'n gwefan

**www.ylolfa.com**

lle gallwch archebu llyfrau ar-lein.

TALYBONT CEREDIGION CYMRU SY24 5HE
*ebost* ylolfa@ylolfa.com
*gwefan* www.ylolfa.com
*ffôn* 01970 832 304
*ffacs* 832 782